A terra, o homem, a luta

Roberto Ventura

A terra, o homem, a luta

Um guia para a leitura de *Os sertões*, de Euclides da Cunha

2ª edição

TRÊS ESTRELAS

EDITORA Rita Mattar
EDITORA-ASSISTENTE Juliana de A. Rodrigues
CAPA Bloco Gráfico
FOTOS DA CAPA Flávio de Barros / Acervo Museu da República
PROJETO GRÁFICO DO MIOLO Mayumi Okuyama
EDITORAÇÃO ELETRÔNICA Editora Página Viva
PREPARAÇÃO Rita Palmeira
REVISÃO Eduardo Russo, Paula B. P. Mendes
ATUALIZAÇÃO BIBLIOGRÁFICA Alfredo Cesar de Melo
FOTOS DO MIOLO Flávio de Barros / Acervo Museu da República (pp. 46-7, 61); Arquivo Academia Brasileira de Letras (p. 87)

Dados Internacionais de Catalogação na Publicação (CIP)
(Câmara Brasileira do Livro, SP, Brasil)

Ventura, Roberto, 1957-2002.
A terra, o homem, a luta : um guia para a leitura de "Os sertões", de Euclides da Cunha / Roberto Ventura ; [Milton Hatoum, prefácio]. – 2. ed. – São Paulo : Três Estrelas, 2019

Bibliografia.
ISBN 978-85-68493-57-1

1. Cunha, Euclides da, 1866-1909. Os sertões – Crítica e interpretação I. Hatoum, Milton. II. Título.

19-26893 CDD-869.9409

Índice para catálogo sistemático:
1. Ensaios históricos : Literatura brasileira : História e crítica 869.9409

Iolanda Rodrigues Biode - Bibliotecária - CRB-8/10014

Este livro segue as regras do Acordo Ortográfico da Língua Portuguesa (1990), em vigor desde 1º de janeiro de 2009.

TRÊS ESTRELAS
Al. Barão de Limeira, 401, 6º andar
CEP 01202-900, São Paulo, SP
Tel.: (11) 3224-2186/2187/2197
editora3estrelas@editora3estrelas.com.br
www.editora3estrelas.com.br

Sumário

Prefácio à segunda edição

MILTON HATOUM

Um acidente – ou uma dessas fatalidades, tão presentes na escrita de Euclides da Cunha – tirou a vida do então jovem professor e ensaísta Roberto Ventura. Por uma coincidência infeliz, ele voltava de São José do Rio Pardo, onde participara dos seminários da tradicional Semana Euclidiana.

A obra de Euclides foi uma de suas maiores paixões intelectuais. Pesquisador incansável e rigoroso, Ventura escreveu vários ensaios sobre os escritos do autor de *Os sertões*, além de uma biografia inconclusa do escritor.

Engenheiro militar, adepto fervoroso do sistema republicano, leitor de clássicos da literatura, filosofia e história, Euclides foi assombrado pela revolta de Canudos, no sertão da Bahia, aonde foi enviado como correspondente do jornal *O Estado de S. Paulo*, em 1897.

O ensaio de Ventura analisa as três partes de *Os sertões*, sublinhando o que há de impressionante e grandioso nesse livro que, contrariando todas as expectativas, tornou-se um best-seller quando foi publicado. No entanto, aponta também os erros de Euclides, influenciado por leituras de obras europeias, baseadas em falsos pressupostos científicos, que enfatizavam teorias raciais e o determinismo climático na evolução dos povos. De meados de setembro de 1897 a 3 de outubro do mesmo ano, Euclides testemunhou em Canudos as últimas semanas de uma batalha extremamente desigual, ouviu relatos de militares e insurgentes, anotou expressões populares, fez desenhos de plantas, minerais e relevos da região.

Nos artigos e reportagens publicados antes da – e durante a – batalha, Euclides, porém, "silenciou sobre as atrocidades da guerra [...]. Sentia-se desconfortável em atacar o Exército e se deixou cegar pela máquina de propaganda da imprensa e do governo". Em *Os sertões*, contudo, o escritor tornou-se um crítico áspero à República então nascente. Apesar disso, ainda manteve uma visão errada ou distorcida ao diagnosticar Antônio Conselheiro (líder da comunidade de Canudos) como um caso de "delírio sistematizado". Ao mesmo tempo, considerava-o tão desequilibrado quanto o coronel Moreira César (comandante da 3ª expedição militar). Ou, como escreve Ventura: "[Euclides] Procurou mostrar como os dois lados do conflito – o litoral e o sertão – se encontravam tomados por fanatismos religiosos e políticos".*

* Ver p. 9, adiante. Segundo Antonio Candido, "Euclides não percebeu que Canudos, em vez de representar um fenômeno patológico, isto é, de desorganização social, significava também, senão principalmente, desesperada tentativa no sentido de uma nova organização social, uma solução que reforçasse a coesão grupal ameaçada pela interferência da cultura urbana". Candido, Antonio. "Euclides da Cunha, sociólogo". In: *Textos de intervenção*. Seleção, apresentação e notas de Vinicius Dantas. São Paulo: Editora 34/Duas Cidades, p. 181.

No fundo, trata-se da oposição entre "civilização e barbárie", tema do livro de 1845 de Domingo Faustino Sarmiento, uma obra lida e admirada por Euclides. Essa oposição enganosa foi, de algum modo, percebida pelo autor de *Os sertões*, que descreveu atos de extrema crueldade praticados pelo Exército republicano: execuções sumárias, degolas e tortura de prisioneiros. Para Euclides, a matança de prisioneiros torna-se um "drama sanguinolento da Idade das cavernas". Ele critica não só os comandantes militares e a "multidão criminosa [de soldados] e paga para matar", como também os radicais da República Velha que apoiavam o extermínio dos insurgentes em manifestações nas ruas chiques do centro do Rio de Janeiro. Chamou esses patriotas toscos e exaltados de "trogloditas completos", "enluvados e encobertos de tênue verniz de cultura".

Vários trechos de *Os sertões*, citados no livro de Ventura, ressoam com força no nosso tempo e no Brasil, em que a irracionalidade política e o fanatismo religioso parecem irmanados. Além disso, a violência da polícia, das milícias e da guerra do tráfico de drogas faz igualmente parte desse "drama sanguinolento da Idade das cavernas".

Mais que engenheiro e militar, e "muito mais que sociólogo, Euclides da Cunha é quase um iluminado", nas palavras de Antonio Candido.** Roberto Ventura examina a obra desse "quase iluminado" por vários ângulos: biográfico, histórico, científico, literário. Além de analisar esses quatro pilares de

** Idem, ibidem.

Os sertões, Ventura ressalta a riqueza, a plasticidade e a ousadia do estilo euclidiano. O resultado é este livro breve e precioso, cuja reedição certamente interessará aos leitores de um dos clássicos da literatura de língua portuguesa.

Procurar-se a verdade neste torvelinho é impor-se
a tarefa estéril e fatigante de Sísifo.

EUCLIDES DA CUNHA, *DIÁRIO DE UMA EXPEDIÇÃO*, 1897

Escrevo, como fumo, por vício.

CARTA DE EUCLIDES DA CUNHA A ARTUR LEMOS,
CORRESPONDÊNCIA DE EUCLIDES DA CUNHA (1890-1909), 1997

INTRODUÇÃO

Um sucesso imprevisto

Os sertões: campanha de Canudos chegou às livrarias em 2 de dezembro de 1902, no dia seguinte ao desembarque, na capital da República, de José Maria da Silva Paranhos Júnior, o Barão do Rio Branco, vindo de Berlim para assumir o Ministério das Relações Exteriores do governo Rodrigues Alves (1902-06). De seu autor, Euclides da Cunha, já se disse que dormiu obscuro e acordou célebre, conforme a pitoresca expressão do crítico Sílvio Romero.

O fulminante êxito da obra surpreendeu o escritor e o próprio editor Gustavo Massow, da Laemmert, que temia que o grosso volume repetisse o fracasso de outra obra histórica, *A Marinha de outrora*, do Visconde de Ouro Preto. Afinal, já perdera a atualidade o tema do livro, que resultou da cobertura jornalística da Guerra de Canudos, no nordeste da Bahia, feita para *O Estado de S. Paulo* de agosto a outubro de 1897.

Cinco anos tinham se passado desde que as forças da 4ª expedição, comandadas pelo general Artur Oscar de Andrade Guimarães, tomaram o povoado em 5 de outubro de 1897, trucidando os prisioneiros e queimando seus casebres e igrejas com tochas de querosene e bombas de dinamite. Tanto que O *Estado*, dirigido por Júlio Mesquita, que o convidara para cobrir o conflito, não mostrou interesse em editar a obra, e o *Jornal do Commercio*, do Rio, pertencente a José Carlos Rodrigues, também recusou sua publicação.

Também não era novidade a denúncia da chacina cometida pelas Forças Armadas em Canudos, segundo um dos objetivos propostos por Euclides logo na "Nota preliminar" de *Os sertões*: "Aquela campanha [...] foi, na significação integral da palavra, um crime. Denunciemo-lo". O massacre fora criticado com veemência, logo após o término do conflito, pelo monarquista Afonso Arinos, no jornal *O Comércio de São Paulo*, que divulgou também um relatório sobre os abusos cometidos contra mulheres e crianças, redigido pelo jornalista Lélis Piedade, do Comitê Patriótico da Bahia, criado para dar assistência às vítimas da guerra.

Três livros de 1899 também acusaram o Exército pela degola dos prisioneiros: *Descrição de uma viagem a Canudos*, de Alvim Martins Horcades, um estudante de medicina que participara da guerra como voluntário; *Libelo republicano*, lançado, sob o pseudônimo de Wolsey, pelo deputado baiano César Zama; e o romance-reportagem *O rei dos jagunços*, de Manuel Benício, que cobrira a guerra como correspondente do *Jornal do Commercio*, do Rio.

No final do ano de 1902, a opinião pública parecia já ter esquecido Canudos e seu líder, Antônio Conselheiro (1830-1897), para se voltar para outro conselheiro, o político e fazendeiro paulista Francisco de Paula Rodrigues Alves, que assumira a Presidência da República no dia 15 de novembro, duas semanas antes do lançamento do livro de Euclides.[1] Republicano de última hora, Rodrigues Alves logo nomeou prefeito da capital federal o engenheiro Francisco Pereira Passos, com a missão de remodelar e higienizar – junto com o médico sanitarista Oswaldo Cruz, diretor-geral da Saúde Pública – a cidade do Rio de Janeiro e convertê-la em vitrine da "*Belle Époque* tropical", segundo a expressão do historiador norte-americano Jeffrey Needell.[2]

Com 637 páginas em formato in-oitavo, *Os sertões* trazia estampado na folha de rosto o emblema da Casa Laemmert, na rua do Ouvidor, no Rio. Nesse emblema, as iniciais CL servem de apoio a um livro aberto, sobre o qual se senta uma coruja, símbolo da sabedoria, circundada pela divisa, em latim, *Nulla dies sine linea*: nenhum dia sem linha (escrita ou lida). A narrativa da Guerra de Canudos, precedida de um estudo da natureza e do homem do sertão, vinha ilustrada por desenhos de paisagens e mapas geológicos, botânicos e geográficos, inspirados nas viagens de exploração científica, e por fotografias do conflito tiradas por Flávio de Barros.

1. O título de conselheiro era atribuído àqueles que guiavam os fiéis em orações e davam instruções religiosas. Tal epíteto se pregou ao nome de Antônio Vicente Mendes Maciel, o líder de Canudos, a ponto de ser confundido com seu sobrenome. Designava também o título honorífico concedido no Império aos políticos de maior renome, que costumavam usufruir de assento vitalício no Senado.

2. Needell, Jeffrey. *A Tropical Belle Époque: Elite Culture and Society in Turn-of-the-Century Rio de Janeiro*. Cambridge: Cambridge University Press, 1987. [ed. bras.: *Belle Époque tropical: sociedade e cultura de elite no Rio de Janeiro na virada do século*. Trad. de Celso Nogueira. São Paulo: Companhia das Letras, 1993].

Euclides pagara do próprio bolso metade dos custos da edição, tendo contribuído com a quantia de 1 conto e 500 mil-réis, quase o dobro de seu salário como engenheiro da Superintendência de Obras Públicas do Estado de São Paulo. Isso depois de ter levado, em dezembro de 1901, ao jurista e escritor Lúcio de Mendonça a carta de um engenheiro da Escola Politécnica de São Paulo, Garcia Redondo, que recomendava o livro, e de ter sido apoiado pelo influente crítico José Veríssimo.

No entanto, embora quase tudo conspirasse contra seu êxito, *Os sertões* se tornou um dos maiores sucessos de público e de crítica do Brasil, com mais de cinquenta edições em língua portuguesa e traduções em pelo menos nove línguas. Em 1994, em pesquisa feita com quinze intelectuais pelo jornalista Rinaldo Gama, da revista *Veja*, o livro foi apontado como o mais importante da cultura brasileira. A obra de Euclides recebeu um total de quinze votos, seguida de *Casa-grande & senzala* (1933), de Gilberto Freyre, com catorze, e *Macunaíma* (1928), de Mário de Andrade, com onze. Machado de Assis foi, porém, o escritor mais votado, e o único a figurar na lista com duas obras: *Memórias póstumas de Brás Cubas* (1881) e *Dom Casmurro* (1899).

Os sertões teve três edições em apenas três anos, de 1902 a 1905. A primeira se esgotou em pouco mais de dois meses e rendeu a Euclides um saldo de 2 contos e 200 mil-réis, do qual resultou um lucro de 700 mil-réis, depois de descontado o seu aporte para a publicação. Porém, como escreveu ao pai em 25 de fevereiro de 1903, o que lhe importava era o "lucro de ordem moral", resultante do reconhecimento que obtivera, pois todos o tinham elogiado, até o Visconde de Ouro Preto, último chefe de gabinete da Monarquia.[3]

A narrativa que Euclides faz da Guerra de Canudos inspirou diversos romances europeus e latino-americanos, como *Le Mage du sertâo* [O mago do sertão] (1952), do francês Lucien Marchal; *João Abade* (1958), de João Felício dos Santos; *Capitão Jagunço* (1959), de Paulo Dantas; *Veredicto em Canudos* (1970), do húngaro Sándor Márai; *A guerra do fim do mundo* (1981), do peruano Mario Vargas Llosa; *A casca da serpente* (1989), de José J. Veiga; *As meninas do Belo Monte* (1993), de Júlio José Chiavenato; e *Canudos* (1997), de Ayrton Marcondes. Serviu ainda de base para um dos mais belos filmes de Glauber Rocha, *Deus e o diabo na terra do sol* (1963), e para um sofrível longa-metragem histórico de Sérgio Rezende, *A Guerra de Canudos* (1997).

Como explicar tal sucesso de um livro de grandes proporções sobre um assunto macabro, cujos potenciais leitores se voltavam para a nova era de progresso, anunciada pelo quadriênio presidencial havia pouco inaugurado? Por que *Os sertões* se tornou um êxito comercial e literário capaz de surpreender tanto seu autor, que gastara cinco anos de trabalho em sua redação e revisão e quase dois meses de salário em sua impressão, como seu próprio editor, até então certo de que grossas obras históricas sempre davam prejuízo? E como entender a morte do escritor, crítico da violên-

3. Galvão, Walnice Nogueira; Galotti, Oswaldo (orgs.). *Correspondência de Euclides da Cunha (1890-1909)*, p. 150. As referências às cartas de Euclides serão feitas com base nessa edição.

cia da Guerra de Canudos e dos instintos primitivos capazes de levar o homem à vingança, abatido em tiroteio com o amante de sua mulher? Este livro procura responder a tais perguntas.

O voo da coruja

Em 2 de dezembro de 1902, quando *Os sertões* foi distribuído às livrarias, o engenheiro-escritor se encontrava em Lorena, no interior de São Paulo, onde trabalhava como chefe do 2º Distrito de Obras Públicas, com sede em Guaratinguetá. Aguardava para o dia 3 o artigo de Veríssimo, anunciado na véspera pelo *Correio da Manhã*, do Rio. O crítico paraense, um dos fundadores da Academia Brasileira de Letras, era tanto respeitado quanto temido pelo rigor de suas avaliações.

Tendo escrito o livro ao longo de quatro anos, Euclides ainda trabalhou duro antes do lançamento. Passou dias e noites na Companhia Tipográfica do Brasil, na rua dos Inválidos, no Rio, para fazer, com a ajuda dos impressores, 37 correções (12 acréscimos e 25 supressões) nos cerca de 1.200 exemplares impressos. Ao todo, foram pouco mais de 44 mil emendas, feitas com bico de pena, ponta de canivete, raspadeira e tipos móveis, motivadas por carta do amigo Francisco de Escobar, que apontara erros de acentuação, pontuação e concordância no exemplar ou nas provas encadernadas recebidas em outubro.

Concluídas as correções em 30 de novembro, Euclides logo pegou o trem para Lorena, de modo a retomar seus afazeres na engenharia pública, a cujo "círculo vicioso" se sentia acorrentado. Detestava as tediosas e intermináveis tarefas que lhe cabiam como engenheiro do estado, sempre sujeito às viagens de trem, trole, mula ou cavalo e, sobretudo, às pressões e reclamações dos empreiteiros e autoridades municipais, cujas obras tinha de orçar, projetar e fiscalizar.

Enquanto esperava em Lorena a chegada do *Correio* com o artigo de Veríssimo, o escritor observou – em carta a Coelho Neto – que receava "levar pancada como cavalo acuado", recorrendo a uma expressão popular que havia registrado, em uma caderneta de bolso, na viagem ao sertão da Bahia como correspondente de *O Estado de S. Paulo*.[4] Tinha também a apreensão de que suas críticas aos erros do Exército, junto com a denúncia do massacre dos prisioneiros, pudessem provocar violentas reações de oficiais e ex-combatentes.

Foi José Veríssimo quem escreveu o primeiro artigo sobre *Os sertões*, publicado no *Correio da Manhã* de 3 de dezembro, em que abordou o livro como obra de literatura, história e ciência e estabeleceu um padrão de leitura que seria seguido por muitos intérpretes. Apesar dos elogios às qualidades de poeta, romancista e artista do autor, fazia reparos ao abuso dos termos técnicos, das palavras antigas e inventadas e das frases enfeitadas, julgando o seu estilo muito artificial e rebuscado.

4. Cunha, Euclides da. *Caderneta de campo*, p. 36.

Euclides respondeu a Veríssimo em carta datada do mesmo dia, mas escrita provavelmente na madrugada de 4 de dezembro, antes de partir para São Luís do Paraitinga, na Serra do Mar, onde iria fazer orçamento para reforma do grupo escolar. Agradecia a crítica, mas defendia o emprego de termos técnicos e a aliança entre ciência e arte, que considerava a tendência mais elevada do pensamento. Convencido de que a expressão artística exige a notação científica, achava necessário criar uma "tecnografia própria", capaz de unir as diversas áreas do saber: "O escritor do futuro será forçosamente um polígrafo".

Retornou a cavalo de São Luís do Paraitinga no dia 7 e passou por Taubaté para pegar o trem rumo a Pindamonhangaba, onde compareceria à noite à festa de inauguração de uma escola pública, na qual seria homenageado pelo lançamento de *Os sertões*. No restaurante da estação em Taubaté, viu, para sua surpresa, um passageiro com o livro nas mãos. De volta a Lorena, recebeu duas cartas de seu editor. Leu antes a mais recente, em que este enviava recortes de jornais e falava da excelente acolhida do livro. Mais da metade da edição, cerca de seiscentos exemplares, a 10 mil-réis cada, tinha se vendido em oito dias. Na primeira carta, o editor se dizia arrependido com a publicação, pois não tinha conseguido vender nenhum dos exemplares, nem mesmo para os sebos...

Indignado com o artigo de Veríssimo – a quem chegou a chamar, em carta a Euclides, de "animal cego" –, o escritor Coelho Neto publicou, em 1º e 2 de janeiro de 1903, em *O Estado de S. Paulo*, um longo artigo em que enaltecia *Os sertões* como uma das mais empolgantes obras da literatura brasileira.[5] Soltando farpas contra o crítico paraense, seu colega na Academia, atacava certa "crítica melindrosa" e "infecunda", que exigia um estilo simples e trivial e renegava as palavras antigas ou inventadas e os ornamentos verbais, por ignorar que "todo verdadeiro escritor é um revelador", que adota uma linguagem requintada como forma de exprimir suas impressões.

Araripe Júnior, outro crítico de peso, publicou, em 6 e 18 de março de 1903, no *Jornal do Commercio*, do Rio, um estudo sobre *Os sertões*, que julgava admirável pela forma artística, capaz de combinar a elevação histórico-filosófica com o talento épico-dramático e o gênio trágico. Aproximava Euclides dos grandes nomes da literatura universal e comparava suas cenas de batalha às narrativas históricas do grego Xenofonte, do escocês Walter Scott e do francês Gustave Flaubert, além de equiparar sua intensidade à dos romances psicológicos do escritor russo Fiódor Dostoiévski. E afirmou, em carta, que poderia ter apurado ainda "umas tantas tolices, que por aí correm como regras de escrever", referindo-se, de forma velada, a Veríssimo, com quem também convivia na Academia.[6]

5. Carta de Henrique Maximiano Coelho Neto a Euclides da Cunha. Campinas, 4/12/1902. Manuscrito (Biblioteca Nacional, Rio de Janeiro).

6. Carta de Tristão de Alencar Araripe Júnior a Euclides da Cunha. Rio de Janeiro, 6/3/1903. Manuscrito (Fundação Casa de Rui Barbosa, Rio de Janeiro). Carta de Tristão de Alencar Araripe Júnior a Euclides da Cunha. Rio de Janeiro, 23/3/1903. Manuscrito (Biblioteca Nacional, Rio de Janeiro).

Os artigos e cartas de Coelho Neto e Araripe Júnior aliviaram o coração de Euclides, levemente amargurado com as restrições feitas pelo crítico paraense, do qual se sentia, porém, devedor, e contribuíram ainda mais para sua aclamação. Escreveu a Araripe, em 9 de março, para contar que lera seu "magistral artigo" na redação de *O Estado de S. Paulo*, de onde saiu transformado de simples recruta em triunfador. Deixara de ser um "engenheiro-letrado", cujo aspecto dúbio, meio profissional e meio artista, o fazia se sentir um "intruso em todas as carreiras", para se tornar afinal um escritor "apenas transitoriamente desgarrado na engenharia": "Nem sabe quanto lhe devo...".

Massow logo apressou a segunda edição, para atender a pedidos que chegavam até do Mato Grosso, e pagou a Euclides, em setembro, mais 1 conto e 600 mil-réis pela reedição. Publicada em 9 de junho de 1903, a nova edição trazia inúmeras correções estilísticas, além da retificação de algumas falhas de informação, e incluía uma série de oito notas finais, em que Euclides respondia, sem, no entanto, nomear seus interlocutores, às críticas recebidas do botânico José de Campos Novais, seu colega no Instituto Histórico e Geográfico de São Paulo, e do capitão Moreira Guimarães, ex-colega na Escola Militar. Tais críticas diziam respeito aos aspectos científicos do livro, envolvendo questões de botânica, geologia e etnologia, mas também de linguagem e vocabulário.

Entusiasmado com a recepção do livro, o editor Massow reuniu em *Juízos críticos*, de 1904, quinze artigos sobre *Os sertões*, publicados em jornais do Rio e de São Paulo, de autoria de José Veríssimo, Araripe Júnior e Coelho Neto, entre outros. Sairia ainda, no ano seguinte, a terceira edição, novamente corrigida, a última que Euclides lançou em vida. Trazia, como as anteriores, a indefectível coruja da Laemmert, sempre sentada sobre o livro aberto.

Com o reconhecimento de *Os sertões*, pode-se dizer que a coruja estampada em seu frontispício ergueu voo em pleno ocaso da utopia republicana, como as aves do poema "Os mochos", do francês Charles Baudelaire (1821-1867), lido por Euclides, embora pouco apreciado por ele. O escritor preferia os poetas românticos de linguagem exaltada e elevada, como Victor Hugo, Fagundes Varela e Castro Alves, chamados de "condoreiros", em alusão à majestosa ave dos Andes.[7]

No poema de Baudelaire, as corujas meditam imóveis durante o dia, enquanto aguardam as trevas que "tudo engolfarão", para se lançarem em seu voo noturno. Tais corujas pensantes mostram ao sábio que deve recear toda mudança:

> Sua atitude ao sábio ensina
> Que aqui lhe cabe como sina
> Temer o caos e o movimento;

7. Euclides abordou a poesia de Castro Alves em três ocasiões: no discurso de recepção na Academia Brasileira de Letras, na conferência "Castro Alves e seu tempo" e no prefácio a *Poemas e canções*, de Vicente de Carvalho. Ver: Cunha, Euclides da. "Discurso de recepção na Academia Brasileira de Letras" (1906). In: *Contrastes e confrontos*; "Castro Alves e seu tempo" (1907). In: *Obra completa*. Rio de Janeiro: Nova Aguilar, 1995, v. 1; e "Antes dos versos" (1908). In: *Obra completa*, op. cit., v. 1.

Bêbado de uma sombra fútil,
O homem maldiz o atrevimento
De haver ousado um passo inútil.[8]

Graças a *Os sertões*, o engenheiro-letrado Euclides Rodrigues Pimenta da Cunha se tornou, enfim, o escritor Euclides da Cunha, objetivo que perseguia desde 1883, ao compor seus primeiros poemas como aluno do Colégio Aquino, no Rio, e, a seguir, de 1886 a 1888, como cadete da Escola Militar, também no Rio. Logo se tornou membro, em 24 de abril de 1903, do Instituto Histórico e Geográfico Brasileiro e foi eleito, em 21 de setembro, para a Academia Brasileira de Letras.

No entanto, dilacerado por conflitos sentimentais e embates profissionais, sentia-se alijado dessa República pela qual lutara e se sacrificara. Fora expulso da Escola Militar em 1888, por ato de protesto contra a Monarquia, e publicara artigos de propaganda política nas páginas de *A Província de São Paulo*, hoje *O Estado de S. Paulo*, em que atacava dom Pedro II e a família imperial. Com a proclamação da República, passara a adotar uma atitude crítica e reflexiva ante as instituições do novo regime, de modo semelhante ao sábio-coruja de Baudelaire, que se lamentava de haver ousado dar "um passo inútil".

8. "*Leur attitude au sage enseigne/ Qu'il faut en ce monde qu'il craigne/ Le tumulte et le mouvement;// L'homme ivre d'une ombre qui passe/ Porte toujours le châtiment/ D'avoir voulu changer de place*". Baudelaire, Charles. "Les Hiboux". In: *Les Fleurs du mal* (1857), *Oeuvres Complètes*. Paris: Gallimard, 1975, v. 1, p. 67 [ed. bras.: "Os mochos". In: *As flores do mal*. Trad. de Ivan Junqueira. Rio de Janeiro: Nova Fronteira, 1985, p. 275].

Em seu discurso de posse no Instituto Histórico e Geográfico Brasileiro, em 20 de novembro de 1903, afirmou que entrava para a confraria como um "grego antigo transviado nas ruas de Bizâncio", à procura de "um admirável e consolador exílio": o "exílio no tempo". Referia-se ao degredo dos gregos em Bizâncio (atual Istambul), antiga capital do Império Romano do Oriente, para exprimir seu próprio mal-estar em face do que chamou, em carta a Coelho Neto, de "presente abominável em que estamos". Recebido no Instituto, último reduto monárquico daquele tempo, elogiava o Império como fase integradora do país e atacava a Constituição republicana, que consagrara o feudalismo dos governadores, escolhidos em reuniões de gabinete, em que o voto popular era solenemente ignorado.

Sentia-se, de certa forma, como o albatroz – outra ave enfocada pelo poeta francês –, "monarca do azul", que se torna um "exilado no chão", ao ser capturado pelos marinheiros e estendido sobre as tábuas do convés. Deslocado, como Euclides, diante do otimismo de seus contemporâneos com o progresso, Baudelaire aproxima o albatroz do poeta, cujas "asas de gigante" o impedem de andar:

> O Poeta se compara ao príncipe da altura
> Que enfrenta os vendavais e ri da seta no ar;
> Exilado no chão, em meio à turba obscura,
> As asas de gigante impedem-no de andar.[9]

9. "*Le Poète est semblable au prince des nuées/ Qui hante la tempête et se rit de l'archer;/ Exilé sur le sol au milieu des huées,/ Ses ailes de géant l'empêchent de marcher*". Baude-

Após *Os sertões*, Euclides se debateu na tentativa de escrever outra grande obra, cujo tema inicial seria a Revolta da Armada (1893-94), que combatera no Rio como oficial do Exército, e, a seguir, a Amazônia, resultado de sua exploração do rio Purus, no Acre, em 1905. Temia, conforme reconheceu em carta de 13 de outubro de 1908 ao historiador argentino Agustín de Vedia, ser considerado o autor de um único livro: "Repugna-me, entretanto, admitir que tenha chegado a um ponto culminante, restando o resto da vida para descê-lo".

Sua morte prematura, aos 43 anos de idade, impediu o término dessa segunda obra. Mesmo assim, publicou magníficos ensaios sobre assuntos amazônicos e questões históricas e políticas, reunidos em *Contrastes e confrontos* (1907) e *À margem da história* (1909). Como o albatroz de Baudelaire, deixou-se abater em pleno voo, no momento em que iniciava uma nova carreira como professor de lógica no Colégio Pedro II, no Rio, e preparava *Um paraíso perdido*, sobre assuntos amazônicos, cujos originais se perderam.

laire, Charles, "L'Albatros". In: *Les Fleurs du mal*, op. cit., pp. 9-10 [ed. bras.: "O Albatroz". In: *As flores do mal*, op. cit., pp. 111-2].

Guerra no sertão

Por volta de 1870, Antônio Vicente Mendes Maciel, o Conselheiro, começou a pregar na Bahia e em Sergipe e a organizar mutirões para a construção e reforma de capelas, igrejas e cemitérios. Desde a década de 1830, seus familiares participavam de um sangrento combate contra um clã inimigo no sertão do Ceará, os Araújo e os Vera. Para Euclides, essa luta entre famílias teria criado para seus descendentes uma "predisposição fisiológica", que tornou hereditários os rancores e as vinganças, de modo semelhante às personagens trágicas dos mitos gregos.[10]

Nascido em 1830 em Quixeramobim, no interior do Ceará, filho de um comerciante, Antônio Maciel trabalhou na loja do pai, a qual, com a morte deste, passou a dirigir. Após a liquidação do negócio, tornou-se professor, caixeiro, escrivão e solicitador em várias cidades do estado. Iniciou sua peregrinação mística e começou a ser chamado de Conselheiro, depois de ter sido abandonado pela mulher, que fugira com um

10. Cunha, Euclides da. *Os sertões: campanha de Canudos* (1902). Edição crítica de Walnice Nogueira Galvão, p. 136.

policial, e ter tido os bens penhorados para pagamento de uma pequena dívida.

Foi preso na Bahia, em 1876, e enviado a Fortaleza e a Quixeramobim, sob a acusação infundada de ter matado a mãe e a esposa. Ao ser solto, prometeu construir 25 igrejas e retornou à Bahia. Em 1882, foi proibido de pronunciar sermões e de fazer pregações pelo arcebispo da Bahia, dom Luís Antônio dos Santos, que temia sua crescente influência. Seus conflitos com a ordem estabelecida se agravaram com a proclamação da República, à qual se opunha criticando a cobrança de novos impostos, a secularização dos cemitérios e a criação do casamento civil e do registro civil de mortes e nascimentos.

Os evangelhos e sermões reunidos pelo Conselheiro em dois volumes manuscritos, a que Euclides não teve acesso quando redigiu seu livro, mostram um líder religioso muito diferente do fanático místico ou do profeta milenarista retratado em *Os sertões*. Tais prédicas e evangelhos, que só foram publicados em 1974, por Ataliba Nogueira, e, mais recentemente, em 2002, por Walnice Nogueira Galvão e Fernando da Rocha Peres, revelam um líder religioso que seguia um catolicismo penitente, corrente na Igreja do século XIX, baseado no modelo da vida ascética e piedosa.[11] O chefe espiritual dos ca-

11. Poucos meses antes de morrer, em 1909, Euclides recebeu do médico e escritor Afrânio Peixoto um dos cadernos manuscritos do Conselheiro, datado de 1897 e publicado em 1974 por Ataliba Nogueira, em *Antônio Conselheiro e Canudos: revisão histórica* (São Paulo: Companhia Editora Nacional, 1978). Outro caderno, de 1895, com evangelhos transcritos da Bíblia, foi

nudenses nutria uma crença mística na Monarquia, tida como abençoada por Deus, e acreditava que a restauração do trono era um fato tão inevitável quanto o raiar do sol no início de cada novo dia.

Em 18 de agosto de 1893, com festa e missa celebrada pelo padre Vicente Sabino dos Santos, de Cumbe (atual Euclides da Cunha), o Conselheiro inaugurou a igreja de Santo Antônio, depois conhecida como igreja velha, no povoado de Canudos, próximo a uma fazenda abandonada, às margens do rio Vaza-Barris, no nordeste da Bahia. O nome da localidade vinha da existência de plantas, chamadas de canudos-de-pito, que forneciam tubos para cachimbos de barro, com um metro de extensão, fumados – segundo o testemunho de um sacerdote, citado por Euclides – por gente "armada até os dentes".

Nesse mesmo ano, o Conselheiro se fixou com seus seguidores no obscuro lugarejo, que passou a chamar de Belo Monte, após ter entrado em choque com força policial em Massseté, enviada à sua procura por ter participado de protestos contra a cobrança de impostos em várias cidades baianas.

No ano de 1895, outro arcebispo da Bahia, dom Jerônimo Tomé, enviou a Canudos dois capuchinhos italianos, os freis João Evangelista de Monte Marciano e Caetano de Leo, acompanhados do padre Sabino, com a missão fracassada de dispersar a comunidade. De volta a Salvador, frei Marciano

parcialmente divulgado, no centenário de *Os sertões*, por Walnice Nogueira Galvão e Fernando da Rocha Peres, em *Breviário de Antônio Conselheiro* (Salvador: EDUFBA, 2002).

apresentou um relatório, em que sugeria a intervenção do governo como única forma de conter a expansão do povoado, cujos moradores se recusavam a pagar impostos e obedecer à Igreja.[12]

No final de 1896, o juiz Arlindo Leoni, de Juazeiro (BA), solicitou o envio de força estadual, por causa dos boatos de invasão da cidade pelos conselheiristas, que viriam retirar a madeira encomendada para as obras da igreja nova, do Bom Jesus, pela qual já haviam pagado. O tenente Manuel da Silva Pires Ferreira comandou a 1ª expedição contra a comunidade, formada de 3 oficiais e 113 soldados. No entanto, a tropa foi atacada, em 21 de novembro, em Uauá, a 50 quilômetros de Canudos, sendo obrigada a retroceder.

O combate em Uauá foi o estopim de um conflito armado que se estenderia por quase um ano, até 5 de outubro de 1897, quando 5 mil soldados tomaram Canudos às quatro horas da tarde. O povoado era então defendido em uma trincheira por apenas quatro combatentes – um velho, dois homens e uma criança –, conforme Euclides relata em *Os sertões*. Quatro expedições militares haviam sido enviadas contra a comunidade até a vitória das forças governamentais, que perderam 910 soldados e oficiais apenas na 4ª expedição e tiveram um total de 5 mil baixas ao longo da campanha.

A guerra provocou a destruição de uma cidade com, segundo a contagem feita pelo Exército, 5.200 casebres e cuja

12. Marciano, frei João Evangelista de Monte. *Relatório* (1895). Salvador: Centro de Estudos Baianos, 1987.

população foi estimada entre 10 mil e 25 mil habitantes. Entretanto, o presidente Prudente de Morais (1894-98) enalteceu, em 7 de outubro, tal campanha de extermínio: "Em Canudos não ficará pedra sobre pedra, para que não mais possa reproduzir-se aquela cidadela maldita, e este serviço a nação deve ao heroico e correto Exército".[13]

A destruição de Canudos se deveu menos ao antirrepublicanismo do Conselheiro do que a fatores políticos, como os conflitos entre facções partidárias na Bahia, a atuação da Igreja contra os beatos e pregadores e as pressões dos proprietários de terras contra a comunidade, cujo crescimento vertiginoso trazia escassez de mão de obra e rompia o equilíbrio político da região. Outros conflitos em nível nacional transformaram a comunidade em alvo de grupos e facções, como os embates entre civilistas e militaristas, ligados à sucessão do presidente Prudente de Morais.

A campanha serviu de pretexto para a repressão aos grupos monarquistas, que sonhavam com a restauração do trono, e para o esmagamento (sobretudo após o malogrado atentado contra Prudente, em 5 de novembro de 1897) dos setores jacobinos e florianistas, que defendiam o retorno dos militares ao poder. O extermínio de Canudos contribuiu para a implantação da política dos governadores, criada pelo presidente Campos Salles (1898-1902), em que as lideranças civis de São Paulo e Minas Gerais passaram a se alternar no poder.

13. Telegrama de Prudente de Morais, 7/10/1897. *Jornal do Commercio*, Rio de Janeiro, 8/10/1897.

A NOSSA VENDEIA

A Guerra de Canudos preencheu o vazio político e existencial em que Euclides se encontrava desde que se desiludira com a carreira militar e com os rumos da República. Trabalhava em São Paulo, como engenheiro da Superintendência de Obras Públicas, desde que pedira licença do Exército em 1895, reformando-se no posto de tenente no ano seguinte, enquanto sonhava em se tornar professor da Escola Politécnica de São Paulo. Jamais pôde realizar tal aspiração por ter atacado em dois artigos publicados em *O Estado de S. Paulo* – em 24 de maio e 1º de junho de 1892 – o projeto de criação da escola. Esse projeto fora elaborado pelo engenheiro Antônio Francisco de Paula Souza, que se manteria à frente da instituição até a morte, em 1917.

Duas forças militares enviadas a Canudos, comandadas pelo tenente Pires Ferreira e, depois, pelo major Febrônio de Brito (este à frente de 10 oficiais e 609 soldados), já haviam fracassado quando o coronel Antônio Moreira César foi nomeado comandante da 3ª expedição. O coronel morreu na madrugada de 4 de março de 1897, poucas horas após o primeiro ataque ao arraial. Foi uma derrota humilhante, em que 1.300 soldados abandonaram todo o armamento, e até o corpo de seu comandante, na fuga desordenada: "Us pobre dos soldadinho/ Si viram tão avechado/ mi ti ansi na catinga/ Curriam que so viado", observaram, com sarcasmo, em português estropiado, os poetas populares de Canudos, segundo o registro feito por Euclides na sua caderneta de campo.

O desastre da 3ª expedição provocou manifestações, em que foram destruídas as redações dos jornais monarquistas *Gazeta da Tarde*, *Liberdade* e *O Apóstolo*, no Rio de Janeiro, e *O Comércio de São Paulo*, na capital paulista. Foi também assassinado o coronel Gentil de Castro, jornalista favorável à Monarquia que, com o Visconde de Ouro Preto, tentava fugir de trem do Rio para Petrópolis.

Euclides viu a derrota da expedição Moreira César como a chance de regenerar a República, que se afastara de seus ideais. Era o estopim que permitiria reacender a chama revolucionária, conforme escreveu, em 14 de março, ao seu amigo da cidade mineira de Campanha, o político João Luís Alves: "Vejo nesta situação dolorosa um meio eficaz para ser provada a fé republicana".

Comentou tal fracasso militar em "A nossa Vendeia", título dos dois artigos que publicou em *O Estado de S. Paulo* em 14 de março e 17 de julho de 1897, depois reunidos no *Diário de uma expedição*. No primeiro artigo, aproximava o conflito na Bahia da rebelião dos camponeses monarquistas e católicos da região da Vendeia, ocorrida na França de 1793 a 1795. Assim como a Revolução Francesa havia sido ameaçada pela Vendeia, a recém-proclamada República brasileira estaria em perigo pela atuação dos seguidores do Conselheiro. Mostrava, contudo, sua certeza inabalável da vitória do governo: "Este paralelo será, porém, levado às últimas consequências. A República sairá triunfante desta última prova".[14]

14. Cunha, Euclides da. *Diário de uma expedição*, p. 52. Os artigos e reportagens de Euclides sobre Canudos serão citados dessa edição.

Escritos em São Paulo, antes de qualquer contato com o sertão baiano, os artigos já prefiguravam o livro de 1902. Traziam um amplo estudo geográfico e climático da região, além da análise dos aspectos étnicos e culturais do homem sertanejo. Obteve de um colega na Secretaria de Agricultura, Comércio e Obras Públicas, o geógrafo e engenheiro baiano Teodoro Sampaio – que percorrera, em 1880, o interior da Bahia com a Comissão Milnor Roberts e trabalhara nas obras de prolongamento da estrada de ferro de Salvador a Juazeiro e de navegação do rio São Francisco –, informações históricas e geográficas, além de um mapa inédito da região de Canudos, que copiou e enviou ao Estado-Maior do Exército.[15] Citava viajantes e naturalistas, como Martius, Saint-Hilaire, Humboldt e Caminhoá, e antecipava algumas das teses de *Os sertões* sobre a simbiose entre a terra e o homem.

Descrevia o meio físico como o maior aliado dos conselheiristas, na tentativa de explicar a surpreendente derrota de três expedições militares enviadas contra o arraial. Para ele, a natureza agreste era o maior obstáculo ao avanço das tropas, por apresentar solo arenoso, com vegetação escassa. Destacava ainda as oscilações climáticas extremas, "da maravilhosa exuberância à completa esterilidade", em que os períodos de seca se alternavam com chuvas torrenciais.

15. Sobre a participação de Teodoro Sampaio (1855-1937) na Comissão Milnor Roberts e em obras de engenharia na Bahia, ver: Santana, José Carlos Barreto de. "Introdução". In: Sampaio, Teodoro. *O rio São Francisco e a Chapada Diamantina* (1903). São Paulo: Companhia das Letras, 2002, pp. 11-6.

No segundo artigo, considerou o "jagunço", contra o qual lutavam os soldados republicanos, um reflexo do meio rude e inconstante: "Não há persegui-lo no seio de uma natureza que o criou à sua imagem – bárbaro, impetuoso e abrupto". O inimigo era auxiliado pela natureza, que formava cerrados impenetráveis nas encostas e serras e levantava trincheiras no solo, fornecendo ainda salitre para o preparo de pólvora e grãos de quartzo, que, depositados nos leitos dos rios, serviam de balas.

Graças aos artigos, foi convidado por Júlio Mesquita para cobrir a 4ª expedição como correspondente de *O Estado de S. Paulo*. Tinha a missão, segundo o jornal, de enviar reportagens do teatro das operações, além de tomar notas para escrever um estudo sobre Canudos e o Conselheiro, que *O Estado* iria publicar em volume. Pretendia dar ao livro o mesmo título dos artigos, *A nossa Vendeia*, reforçando o paralelo entre a história francesa e a brasileira.

A cidadela maldita

De agosto a outubro de 1897, Euclides participou, como repórter, da 4ª expedição, formada de 421 oficiais e 6.160 soldados, sob o comando do general Artur Oscar, ligado aos militares florianistas e positivistas, que disputavam o poder político com os civilistas do Partido Republicano Paulista. Em 3 de agosto, Euclides desembarcou na cidade de São Salvador da Bahia de Todos os Santos (atual Salvador), no posto de adido do estado-maior do ministro da Guerra, marechal Carlos Machado de Bittencourt. Viajava acompanhado de um ordenança, o sargento João Pais.

Além de O *Estado de S. Paulo*, jornais de Salvador (*Diário de Notícias* e *Jornal de Notícias*) e do Rio de Janeiro (*Gazeta de Notícias*, *Jornal do Brasil*, *Jornal do Commercio*, *A Notícia* e *O País*) enviaram repórteres para cobrir a última expedição contra Canudos. As notícias eram enviadas do front por meio das linhas telegráficas instaladas pelos militares entre Monte Santo e a capital do estado. Por encomenda do Exército, a campanha foi fotografada por Flávio de Barros, de Salvador. Outro fotógrafo, o espanhol Juan Gutiérrez de Padilla, que registrara antes a Revolta da Armada, morreu em combate em 28 de junho de 1897, logo após ter chegado ao Morro da Favela, próximo a Canudos. Suas imagens se perderam.[16]

Ansioso, conforme escreveu a Reinaldo Porchat, para logo chegar à "cidadela maldita", o repórter de *O Estado* comparecia todos os dias ao palácio do governo, onde estava hospedado o marechal Bittencourt, e se encontrou com o governador, Luís Viana. Assistiu ao embarque das tropas e ao desembarque dos feridos na Estação da Calçada, visitou as redações de jornais e fez pesquisas sobre Canudos e o Conselheiro. Em 19 de agosto, participou do interrogatório de Agostinho, menino "jagunço" de catorze anos, que lhe revelou a dimensão mística e religiosa do conflito, ao afirmar que o objetivo dos combatentes era "salvar a alma".

Deixou, no dia 30 de agosto, a capital baiana, acompanhando o marechal Bittencourt, que seguia para Monte Santo, de modo a garantir o abastecimento das tropas em Canudos. Euclides chegou a Monte Santo na noite de 6 de setembro, depois de ter viajado de trem para Alagoinhas e Queimadas e cavalgado até Cansanção, onde assistiu à missa celebrada pelos freis Pedro Sinzig e Gabriel Grömer. Com o jornalista Alfredo Silva, de *A Notícia*, do Rio de Janeiro, fez incursão nos arredo-

16. As reportagens sobre a 4ª expedição foram reunidas por Walnice Nogueira Galvão em: *No calor da hora: a Guerra de Canudos nos jornais, 4ª expedição*. São Paulo: Ática, 1977. As fotografias da guerra feitas por Flávio de Barros podem ser vistas em: Almeida, Cícero Antônio F. de. *Canudos: imagens da guerra*. Rio de Janeiro: Lacerda, Museu da República, 1997. Algumas imagens da Revolta da Armada registradas por Juan Gutiérrez de Padilla foram reproduzidas por Pedro Vasquez em: *Fotógrafos pioneiros no Rio de Janeiro*. Rio de Janeiro: Dazibao, 1990.

res de Monte Santo, observou as plantas e os minerais da região e tirou, do alto da Serra de Piquaraçá, algumas fotografias, que se perderam.

Em 13 de setembro, partiu de Monte Santo e, no dia 16, às duas horas da tarde, alcançou a "cidadela" do Conselheiro, a 120 quilômetros de distância. De binóculo, avistou o povoado, semidestruído pelo bombardeio. Jantou com o general Artur Oscar, escreveu sua primeira reportagem da frente de batalha e se abrigou na barraca do capitão Abílio Noronha da Silva, assistente do general. No dia 19, desceu à Fazenda Velha e observou Canudos de perto pela primeira vez, surpreendendo-se com o elevado número de casas.

Antônio Conselheiro morreu de disenteria em 22 de setembro, após ter sido ferido na perna por um estilhaço de bala ou granada. O repórter passeou pelo povoado no dia 29 e se decepcionou com o aspecto primitivo das casas, que se acumulavam em um caótico labirinto de becos. Em uma caderneta, registrou expressões populares e regionais, anotou as variações de pressão e temperatura, fez desenhos de Canudos e das serras da região e copiou diários dos combatentes, poemas populares e profecias apocalípticas, depois citados em *Os sertões*.

Euclides silenciou sobre as atrocidades da guerra, no que foi acompanhado por quase toda a imprensa. Sentia-se desconfortável em atacar o Exército e se deixou cegar pela máquina de propaganda da imprensa e do governo, para a qual contribuiu com artigos exaltados, que se encerravam com os brados patrióticos de "Viva a República" ou "A República é imortal". Tenente reformado, fora nomeado adido militar para a cobertura da guerra e acompanhara os combates junto aos oficiais do quartel-general e da comissão de engenharia.

Os materiais enviados pelos correspondentes, sobretudo pelo telégrafo, eram submetidos à censura militar. No entanto, jornalistas como Favila Nunes, da *Gazeta de Notícias*, do Rio de Janeiro, e Lélis Piedade, do *Jornal de Notícias*, da Bahia, chegaram a mencionar atos de violência das tropas. Outro repórter, Manuel Benício, do *Jornal do Commercio*, do Rio de Janeiro, foi tão incisivo em suas críticas à imperícia do general Artur Oscar (acusado pela morte de centenas de combatentes) que acabou sendo expulso de Canudos sob ameaça de espancamento.

As reportagens de Euclides se interromperam de forma súbita em 1º de outubro, quando assistiu ao violento assalto de 6 mil soldados contra o povoado, cuja ferocidade o deixou em estado de choque. Em sua última reportagem para o jornal, confessou o profundo desapontamento provocado pela visão das centenas de feridos que gemiam amontoados no chão, em uma cena tão lúgubre que lhe lembrou o vale do Inferno que Dante Alighieri (1265-1321) percorrera na *Divina comédia*: "Compreendi o gênio sombrio e prodigioso de Dante".

Retirou-se doente de Canudos, com acessos de febre, na manhã de 3 de outubro, dois dias antes do término da guerra, após ter passado dezoito dias na frente de batalha.[17] Não assistiu à chacina dos prisioneiros, nem à tomada e ao incêndio da cidade, nem à descoberta do cadáver do Conselheiro e de seus

17. Calasans, José. "Euclides da Cunha nos jornais da Bahia". In: *Cartografia de Canudos*. Salvador: Secretaria da Cultura e Turismo, 1997, pp. 129-31.

escritos, fatos ocorridos entre 3 e 6 de outubro, não mencionados nas reportagens e só relatados depois, de forma sucinta, em *Os sertões*.

Retornou a Salvador em 13 de outubro e partiu da Bahia três dias depois. No dia 20, desembarcou no Rio e, no dia seguinte, chegou de trem a São Paulo, onde foi recebido por jornalistas de *O Estado* e engenheiros da Superintendência de Obras. Tirou quatro meses de licença para tratar da saúde e viajou para a fazenda de café do pai, em Nossa Senhora do Belém do Descalvado (atual Descalvado), no interior de São Paulo, onde começou a escrever *Os sertões*.

Suas reportagens sobre a guerra se encerraram com "O batalhão de São Paulo", que *O Estado* publicou em 26 de outubro, por ocasião do regresso do 1º batalhão de polícia paulista, com elogios à bravura de seus combatentes. No mesmo dia, n'*O Comércio de São Paulo*, Afonso Arinos acusava o general Artur Oscar de ter ordenado a degola dos prisioneiros e o incêndio do povoado. Esse jornal monarquista foi o único órgão de imprensa a protestar contra as atrocidades cometidas pelas forças militares em Canudos.

Batalhão de infantaria em Canudos, fotografado por Flávio de Barros em 1897.

Cadáver de Antonio Conselheiro, localizado sob os escombros da Igreja do Bom Jesus, após a destruição completa do arraial, na manhã de 6 de outubro de 1897, fotografado por Flávio de Barros.

Os sertões revisitados

Após o término da guerra, Euclides passou quatro anos preenchendo centenas de folhas de papel, para ordenar o caos e superar o vazio, trazidos sob o impacto daquela "região assustadora", de onde voltou deprimido e doente. Seguia revendo, na mente, as "muitas cenas do drama comovente/ De guerra despiedada e aterradora", conforme escreveu, já de volta a Salvador, no poema "Página vazia", cujos versos eram, segundo ele, "tão malfeitos e tão tristes".[18]

Grande parte de *Os sertões* foi redigida em São José do Rio Pardo (interior de São Paulo), onde Euclides morou por três anos, de março de 1898 a maio de 1901, para reconstruir a ponte metálica sobre o rio, que caíra devido a uma enchente. Concluiu o livro em São Carlos do Pinhal, para onde foi transferido como chefe do 5º Distrito de Obras Públicas, e revisou as provas em Lorena, onde residiu a partir de dezembro de 1901, para chefiar o 2º Distrito de Obras, com sede em Guaratinguetá, no vale do rio Paraíba do Sul.

18. Cunha, Euclides da. "Página vazia" (1897). Manuscrito. Salvador, 14/10/1897 (coleção Celina Fróes, Rio de Janeiro). In: *Obra completa*, op. cit., v. 1, p. 726.

Em São José, enquanto lançava novas bases para a ponte sobre o rio Pardo, Euclides escrevia sobre a necessidade de refundar a República, que havia se corrompido com o militarismo dos governos dos marechais Deodoro da Fonseca (1889-91) e Floriano Peixoto (1891-94) e o liberalismo artificial de uma Constituição que as elites desrespeitavam por meio de fraudes eleitorais. Aderia à denúncia da política dos governadores e à pregação pela revisão constitucional do deputado e jornalista Júlio Mesquita e do grupo reunido, a partir de 1901, em torno do jornal *O Estado de S. Paulo* e da dissidência do Partido Republicano Paulista.[19]

Em *Os sertões*, acusou o Exército, a Igreja e o governo pela destruição da comunidade e fez a autocrítica do patriotismo exaltado de suas reportagens. Reconheceu, de certo modo, a omissão de sua cobertura da guerra, ao mencionar o massacre dos prisioneiros, sobre o qual antes se calara. Criticou ainda a aproximação entre Canudos e a Vendeia, que empregara em seus artigos, e descartou a ideia de uma conspiração política, apoiada por grupos monárquicos e países estrangeiros, que havia justificado o massacre.

Abriu o livro com um voo panorâmico sobre o planalto brasileiro, que chamou de "planalto central do Brasil", provocando a crítica irada de geógrafos, como Aroldo de Azevedo, exasperados com sua falta de rigor científico. O narrador percorre o planalto brasileiro, visto da perspectiva de um voo de pássaro ou de um travelling cinematográfico, que se inicia nas

19. Duarte, Paulo. *Júlio Mesquita*. São Paulo: Hucitec, 1977, pp. 28-41.

escarpas do litoral ao sul e segue pela beira-mar do Rio de Janeiro e Espírito Santo, onde observa o "conflito secular" entre mares e terras: "O planalto central do Brasil desce, nos litorais do Sul, em escarpas inteiriças, altas e abruptas".

O voo prossegue rumo à costa da Bahia, sem escalas, e penetra pela bacia do rio São Francisco, até se acercar do solo "deprimido" e "revolto" do vale do rio Vaza-Barris, em cuja margem se ergueu a comunidade rebelada. O movimento descendente do narrador se aproxima da visão do poeta em "O navio negreiro" (1868), de Castro Alves, que observa do alto as ondas do oceano até baixar, nas asas do albatroz, ao tombadilho ensanguentado da embarcação, em que se encontram os escravos açoitados e acorrentados, dançando na noite escura.[20]

Euclides adotou a perspectiva do historiador e ensaísta, bem próximo do naturalista e do etnólogo e muito distante do mero cronista ou jornalista, como forma de superar a possível falta de interesse pela Guerra de Canudos, encerrada havia cinco anos: "Escrito nos raros intervalos de folga de uma carreira fatigante, este livro, que a princípio se resumia à história da campanha de Canudos, perdeu toda a atualidade".

Procurou enfocar os fatores e as leis gerais capazes de transformar o tema em "variante de assunto geral": "Os traços atuais mais expressivos das sub-raças sertanejas". Tributário das teorias racistas e evolucionistas de sua época, ele considerava que os habitantes do sertão estavam destinados ao "próxi-

20. Castro Alves, Antônio Frederico de. "O navio negreiro" (1868). In: *Obra completa*. Rio de Janeiro: Nova Aguilar, 1997, pp. 277-84.

mo desaparecimento ante as exigências crescentes da civilização". Fazia tanto o elogio fúnebre das vítimas da guerra como o epitáfio dos próprios sertanejos: "Retardatários hoje, amanhã se extinguirão de todo".

Adotou uma concepção naturalista, baseada no historiador francês Hippolyte-Adolphe Taine, que lhe forneceu o fundamento científico, ou o pretexto, para buscar correspondências poéticas entre os fatos narrados e a paisagem à sua volta. Tais concepções naturalistas deram um verniz de ciência à sensibilidade romântica que formara na juventude. Percebia, de forma dramática, o conflito entre natureza e história e procurava entender, em termos artísticos e científicos, a interação de ambas.

Taine considerou, na *Histoire de la littérature anglaise* [História da literatura inglesa, 1863], que a vida de um povo é determinada por três fatores: o meio, ou o ambiente físico e geográfico; a raça, responsável pelas disposições inatas e hereditárias; e o momento, resultante das duas primeiras causas. Esse modelo foi também seguido por Sílvio Romero, na *História da literatura brasileira* (1888), que tomou a literatura do Brasil como expressão da natureza e do povo, explicando seu surgimento a partir da ação diferenciadora do mestiço.[21]

21. Taine, Hippolyte-Adolphe. *Histoire de la littérature anglaise* (1863). Paris: Hachette, 1905, v. 1, p. v. Romero, Sílvio. *História da literatura brasileira* (1888). Edição de Luiz Antônio Barreto. Rio de Janeiro/Aracaju: Imago/Ed. da Universidade Federal de Sergipe, 2001, 2 v.

A TERRA

Euclides dividiu *Os sertões* em três partes, correspondentes aos fatores apontados por Taine: "A terra", "O homem" e "A luta". Em "A terra", tratou da geologia e da geografia do sertão, aí incluídos o clima do semiárido, a vegetação da caatinga e a problemática das secas que assolam a região. Em uma versão laica do *Gênesis*, recriou mundos revoltos e instáveis, varridos por mares pré-históricos e labaredas bíblicas. Desceu às camadas profundas do solo e recuou até a origem do continente e de seus habitantes, para explicar a irrupção quase vulcânica do Conselheiro e de seus seguidores.

Abraçou ideias controversas de dois geólogos, o francês Emmanuel Liais (1826-1900) e o canadense Charles Frederick Hartt (1840-1878), sobre a formação recente do sertão baiano, que considerou ser o fundo recém-levantado de um mar extinto, cujo solo conturbado revelaria a "agitação das ondas e das voragens". Tal tumulto na paisagem se torna análogo, na construção do livro, ao causado na história e na política pela rebelião dos conselheiristas.

Criou uma fantasia geológica sobre a existência pré-histórica de mar na região de Canudos, o que prenunciaria as profecias, atribuídas ao Conselheiro, de que o sertão iria virar "praia". Essa expressão designa as zonas úmidas entre o litoral e o semiárido, tornando-se terra de promissão, capaz de abrir as portas do paraíso: "Em 1896 há de rebanhos mil correr da praia para o sertão; então o sertão virará praia e a praia virará sertão".

Mostrou a interação entre os elementos – a água e o fogo – que se revezam na criação e destruição do sertão. Afastou-se, em parte, do determinismo geográfico, ao admitir a possibilidade de o homem amenizar os efeitos das secas pela construção de açudes e canais, tomando, como exemplo, a atuação dos romanos e franceses na Tunísia. Criticou também a devastação do meio ambiente pelas queimadas que o colonizador ganancioso aprendera com o indígena, assumindo o papel de "terrível fazedor de desertos". Capaz de criar desertos, o homem poderia também extingui-los, corrigindo o passado. Euclides encerrou seu relato com o lamento pelos rebeldes, dizimados a ferro e fogo pelos soldados, que reduziram Canudos a cinzas.

"Barbaramente estéreis", "maravilhosamente exuberantes", os sertões formam, para o autor, uma categoria geográfica própria, paradoxal e única, capaz de alternar, segundo um "ritmo maldito", a aridez dos desertos com a abundância dos vales férteis: "A natureza compraz-se em um jogo de antíteses". A região seria marcada pelo conflito entre dias quentes e noites frias, ou entre períodos infernais de seca e momentos edênicos trazidos pelas chuvas, em que a caatinga, até então árida e desértica, se transforma em paraíso: "É uma mutação de apoteose".

Tomou a natureza dos sertões como cenário trágico, que antecipa, de modo simbólico, a decapitação dos prisioneiros. A vegetação da caatinga, com galhos secos e contorcidos, permitiria antever a matança dos sertanejos, que se converte em tragédia inscrita na própria natureza. As cabeças-de-frade, com suas flores intensamente rubras, se espalham sobre a pedra e criam "a imagem singular de cabeças decepadas sanguinolentas jogadas por ali, a esmo, em uma desordem trágica". As palmatórias-do-inferno, "diabolicamente eriçadas de espinhos", evocam a paixão de Cristo, sacrifício exemplar que se liga à morte dos discípulos do Conselheiro.

O HOMEM

Em "O homem", segunda parte de *Os sertões*, Euclides discutiu as origens do homem americano, a formação racial do sertanejo e os malefícios da mestiçagem. Construiu uma teoria fatalista do Brasil, cuja história seria movida pelo choque entre etnias e culturas destinadas ao desaparecimento. Recorreu às concepções do sociólogo austríaco Ludwig Gumplowicz, que, em *Der Rassenkampf* [A luta das raças, 1883], considerava que a história era guiada pelo conflito racial, do qual resultaria o esmagamento inevitável dos fracos pelos fortes. Alarmado com o avanço da cultura cosmopolita, Euclides lançou um brado de alerta em *Os sertões*: "Estamos condenados à civilização. Ou progredimos, ou desaparecemos".

Seguia teorias raciais baseadas na crença na inferioridade dos não brancos, que davam ares de ciência ao preconceito de cor. Explicou a guerra como resultado do choque entre os "curibocas" do sertão, formados de brancos e índios, e os "mestiços" do litoral, tidos como desequilibrados pela mistura entre brancos e negros. Glorificou o mestiço do sertão, que apresentaria vantagem sobre o "mulato" do litoral, devido ao isolamento histórico e à ausência de componentes africanos, que tornariam mais estável a evolução racial e cultural. "O sertanejo é, antes de tudo, um forte. Não tem o raquitismo exaustivo dos mestiços neurastênicos do litoral."

Elevou o sertanejo, vítima do ataque das forças republicanas, à altura dos grandes heróis dos poemas épicos e dos romances de cavalaria. Retratou-o como vaqueiro envolto em gibão de couro, de modo semelhante a um titã grego ou a um guerreiro antigo coberto por armadura. Caracterizou ainda o homem do sertão como centauro, pela simbiose com a montaria, imagem que já fora empregada, junto com as alusões à cavalaria medieval, por José de Alencar no romance *O sertanejo* (1876).

Em uma passagem antológica de "O homem", descreveu, baseado no relato ouvido de um vaqueiro de Minas Gerais, o estouro da boiada com tal concentração de recursos expressivos, como a aceleração rítmica e a repetição de figuras sonoras e sintáticas, que os milhares de animais desgovernados acabam transfigurados em um único corpo – monstruoso e fantástico –, sobre o qual se lança o vaqueiro em disparada:

> E sobre este tumulto, arrodeando-o, ou arremessando-se impetuoso na esteira de destroços, que deixa após si aquela avalanche viva, largado numa disparada estupenda sobre barrancas, e valos, e cerros, e galhadas – enristado o ferrão, rédeas soltas, soltos os estribos, estirado sobre o lombilho, preso às crinas do cavalo – o vaqueiro!

Imaginou o sertanejo como o resultado da confluência entre a bravura dos indígenas e a ousadia dos bandeirantes paulistas, que penetraram pelos rios Tietê e São Francisco rumo ao interior, expandindo o território da colônia portuguesa nos séculos XVII e XVIII. O "curiboca" é tomado como o resultado da união entre os desbravadores vindos de São Paulo e os nativos do continente americano. O paulista, tipo autônomo, aventureiro e rebelde, responsável pela integração nacional, abarcaria não só os habitantes de São Paulo, mas os filhos dos estados do sul e do centro-sul, inclusive Rio de Janeiro e Minas Gerais!

Junto com o mito do sertanejo, Euclides difundiu outra representação análoga, o mito do bandeirante, depois retomado por Oliveira Viana em *Populações meridionais do Brasil* (1920), por Afonso d'Escragnolle Taunay em *História geral das bandeiras paulistas* (1924-1950) e por Alfredo Ellis Júnior em *Raça de gigantes* (1926). Do cruzamento entre brancos e índios teria resultado, segundo Ellis Júnior, uma "sub-raça superior", cujo caráter guerreiro e individualista fora capaz de lançar as bases da hegemonia paulista...

Euclides seguiu as teorias de Charles Frederick Hartt, do arqueólogo dinamarquês Peter Wilhelm Lund (1801-1880), do paleontólogo inglês Samuel George Morton (1799-1851) e do médico brasileiro Júlio Trajano de Moura, autor de *Do homem americano* (1889), sobre uma suposta origem autóctone dos habitantes da América. Criou uma imagem grandiosa do homem do sertão como ser autêntico, enraizado no solo, com cultura própria e evolução autônoma, garantidas pelo isolamento geográfico, e chamou o sertanejo de "rocha viva" da nacionalidade, base sobre a qual se poderia criar o brasileiro do futuro. Fazia a analogia entre o granito, composto de três minerais, e o povo brasileiro, resultante da mistura de branco, índio e negro. A imagem da "rocha viva" se inscreveu no texto de *Os sertões* no mesmo período em que Euclides escavava, como engenheiro de obras, o leito do rio Pardo em busca da base granítica que lhe permitiria reconstruir, com maior solidez, a ponte metálica que ruíra. Foi depois explicada, com mais detalhes, nas notas do autor à segunda edição.

A LUTA

Finalmente, em "A luta" e nos capítulos seguintes, Euclides narrou os acontecimentos da guerra, que levaram à destruição da comunidade, realizada em nome da consolidação da ordem republicana. Procurou mostrar como os dois lados do conflito – o litoral e o sertão – se encontravam tomados por fanatismos religiosos e políticos: "A luta pela República, e contra os seus imaginários inimigos, era uma cruzada". Interpretação semelhante sobre a irrupção da barbárie nos pampas e em Buenos Aires foi proposta, em *Civilización y barbarie* (1845), pelo escritor e político argentino Domingo Faustino Sarmiento (lido e admirado por Euclides), para explicar a anarquia e o terror dos primórdios da República Argentina.[22]

22. Sarmiento, Domingo Faustino. *Civilización y barbarie: Vida de Juan Facundo Quiroga* (1845). Madri: Alianza, 1970 [ed. bras.: *Facundo ou civilização e barbárie*. São Paulo: Cosac & Naify, 2010]. Euclides não mencionou Sarmiento em *Os sertões*, mas se referiu ao ensaísta argentino em seu discurso de posse na Academia Brasileira de Letras e também no artigo "Viação Sul-Americana" e no ensaio "Martín Garcia",

Segundo Euclides, os soldados em Canudos saudavam a memória do marechal Floriano Peixoto – que morrera dois anos antes e cuja efígie traziam no peito – com o mesmo entusiasmo "doentio" com que os jagunços bradavam pelo Bom Jesus. O coronel Moreira César, comandante da 3ª expedição, líder "epiléptico" dos florianistas, é tido como tão desequilibrado quanto o Conselheiro, que o autor diagnostica como um caso de "delírio sistematizado". Ambos refletiriam um "mal social gravíssimo", resultante da instabilidade dos primeiros anos da República.

Em *Os sertões*, Euclides viu o sertão como reflexo do litoral: a barbárie estaria por toda parte. Tal nota pessimista encontrou expressão nas inúmeras antíteses, que indicam as próprias hesitações do escritor ao julgar a guerra. Canudos é a "Troia de taipa dos jagunços", misto de cidadela inexpugnável e labirinto de casebres de barro, cuja luta evocaria os feitos épicos cantados por Homero. O sertanejo é um herói monstruoso, "Hércules-Quasímodo", tão forte quanto desgracioso. Conselheiro, um "grande homem pelo avesso", que entrou para a história como poderia ter ido para o hospício...

Criticou as jornadas jacobinas do Rio de Janeiro, em 7 de março de 1897, quando multidões reagiram à notícia da derrota da 3ª expedição contra Canudos com a destruição das oficinas da imprensa monárquica. Euclides considerava os exaltados manifestantes da rua do Ouvidor, centro do comércio elegante

ambos recolhidos em *À margem da história* (1909). Sobre o paralelo entre Sarmiento e Euclides, ver os estudos de Miriam V. Gárate, *Civilização e barbárie n'*Os sertões, e de Berthold Zilly, "A barbárie: antítese ou elemento da civilização?".

e das redações de jornais, mais perigosos do que os sertanejos: são "trogloditas completos", "enluvados e encobertos de tênue verniz de cultura". E observa: "O mal era maior. Não se confinara num recanto da Bahia. Alastrara-se. Rompia nas capitais do litoral".

Acreditava que o crime cometido em Canudos se tornara possível por causa do isolamento geográfico e cultural da região: "Ademais, não havia temer-se o juízo tremendo do futuro. A história não iria até ali". Evocava o historiador holandês Caspar van Baerle (1584-1648), que registrara um célebre ditado em latim, *ultra aequinoctialem non peccari* ("além da linha equinocial não se peca"), sobre os desmandos da época colonial.[23] Adverte Euclides: "Canudos tinha muito apropriadamente, em roda, uma cercadura de montanhas. Era um parêntese; era um hiato; era um vácuo. Não existia. Transposto aquele cordão de serras, ninguém mais pecava". Imersos em um território fora das leis da história e da geografia, os soldados e oficiais tinham certeza da impunidade e recuavam no tempo, agindo de forma bárbara e selvagem.

23. Caspar van Baerle (Gaspar Barléu) menciona o ditado em sua obra sobre o governo do conde holandês João Maurício de Nassau em Pernambuco (1637--44). A frase foi traduzida por Chico Buarque e Ruy Guerra como "Não existe pecado do lado de baixo do Equador", em canção da peça *Calabar*, sobre a rebelião dos colonos portugueses contra os holandeses. Ver: Barlaeus, Caspar. *Rerum per Octennium in Brasilia*. Amsterdam: 1647 [ed. bras.: Barléu, Gaspar. *História dos feitos recentemente praticados durante oito anos no Brasil*. Trad. de Cláudio Brandão. São Paulo/Belo Horizonte: Edusp/Itatiaia, 1974, p. 49].

39º Batalhão de Infantaria em fogo. Fotografado por Flávio de Barros (1897).

Do inferno ao paraíso

Redigido com o propósito de denunciar o crime cometido em Canudos, *Os sertões* traz um curioso paradoxo, pois deixa de relatar aquilo que forma a base de sua acusação contra as Forças Armadas: o massacre dos prisioneiros e a destruição da cidade. Tais eventos de extrema crueldade são antes sugeridos do que propriamente narrados, já que não haveria linguagem capaz de exprimir tal horror: "Forremo-nos à tarefa de descrever os seus últimos momentos. Nem poderíamos fazê-lo. Esta página, imaginamo-la sempre profundamente emocionante e trágica; mas cerramo-la vacilante e sem brilhos".

De modo a representar o irrepresentável, Euclides oscila entre as imagens antitéticas de paraíso e inferno, de salvação e perdição, pelas quais procura captar o caráter tenso e contraditório da guerra. Concebeu a história como drama trágico e empregou metáforas cênicas e formas suspensivas de narração, que se ligam aos recursos do teatro grego, de forma a revelar o sentido trágico da brutal intervenção militar que testemunhou no sertão da Bahia.

A visão infernal do horror que Euclides encarou no vale da morte em Canudos se faz presente, em *Os sertões*, junto com seu reverso: a busca do paraíso. Citou os poemas populares sobre o conflito de Canudos e interpretou as profecias do fim do mundo, de modo a incorporar a seu relato a visão de mundo dos sertanejos. Recolheu tais fontes orais a partir dos papéis e cadernos que foram encontrados pelos combatentes nas ruínas da comunidade.

Para o escritor, a preocupação dominante dos habitantes do sertão era a "felicidade suprema da volta para os céus", aspiração que permitiria superar as limitações de uma vida miserável. Considerado pelos seguidores do Conselheiro o paraíso ou a terra de promissão, Canudos se converte, em *Os sertões*, em seu oposto: o inferno. O viajante precisaria atravessar "estradas fascinadoramente traiçoeiras que levam ao inferno" até chegar ao povoado, "imunda antessala do paraíso".

Euclides capta duas visões fantásticas, que se ligam à espera de salvação, sugeridas pela secura extrema da região de Canudos e pela topografia do vale do Vaza-Barris: a ilusão do mar e a miragem do céu. Do alto do Morro da Favela, onde se instalaram os canhões que bombardeavam o povoado, observa as montanhas ao longe, que lhe parecem suspensas no ar e criam, devido às diferenças de temperatura entre as camadas do solo, a impressão de "vagas longínquas" e a "ilusão maravilhosa de um seio de mar".

A ilusão de céu, outro efeito visual criado pela geografia do sertão, também se converte em anúncio de salvação. Visto de cima, Canudos dava a impressão de um "platô elevadíssimo", o que faria os sertanejos acreditarem que "ali era o céu...". Amparado na quimera do degrau para os céus, o Conselheiro prometeria o paraíso em suas pregações, como um "emissário das alturas", e anunciaria "o reino de mil anos e suas delícias", capaz de pôr fim às desgraças trazidas por dois flagelos: as secas e a República.

Euclides cita o relatório de frei Marciano, o capuchinho italiano enviado a Canudos em 1895, que ironizou a comunidade ao escrever: "Ali, porém, nem é preciso trabalhar; é a terra da promissão, onde corre um rio de leite e são de cuscuz de milho os barrancos". Marciano retomava a representação do paraíso terrestre, anterior à queda de Adão e Eva, tal como descrito no *Gênesis*. De acordo com a versão bíblica da criação do mundo, Deus plantou em Éden, no Oriente, um jardim de delícias, cortado por quatro rios, com toda espécie de árvores e frutos, onde colocou o primeiro homem, a primeira mulher e todos os animais.

Com base na descrição do *Gênesis*, profetas, como Isaías e Daniel, previram o surgimento de um "reino sem fim" ou de um "império eterno", que iria restaurar o paraíso ao reunir todos os povos e nações sob a autoridade de um único rei bondoso e justo, realizando a máxima bíblica de um só rebanho guiado por um só pastor. Com base nos profetas da Bíblia e em autores latinos, como Ovídio, Virgílio e Plínio, o Velho, escritores cristãos medievais abordaram o paraíso terrestre, tema depois retomado por pensadores e viajantes a partir da Renascença.[24]

Para o historiador francês Jean Delumeau, o milenarismo, como expectativa de mil anos de felicidade, é uma "espécie de

24. *Gênesis; Isaías*; e *Daniel*. In: A Bíblia de Jerusalém. São Paulo: Paulus, 1995. Ver: Chaui, Marilena. *Brasil: mito fundador e sociedade autoritária*. São Paulo: Fundação Perseu Abramo, 2000, p. 61.

paraíso terrestre reencontrado", ligado à noção de uma idade de ouro desaparecida e à nostalgia do paraíso perdido, proveniente do *Gênesis*. Tal esperança adquiriu contornos laicos no século XVIII, para dar corpo à ideologia do progresso e às utopias políticas modernas.[25]

Como mostra Sérgio Buarque de Holanda em *Visão do paraíso* (1959), os primeiros viajantes e exploradores europeus da América projetaram sobre o novo continente a imagem do Éden e retomaram as descrições do paraíso terrestre dos teólogos da Idade Média, que o concebiam não como mundo inalcançável, perdido no começo dos tempos, mas como realidade acessível, ainda que distante. O paraíso estaria na América, região de eterna primavera, com temperatura constante, em que a natureza se entregaria de imediato ao homem, como dádiva de Deus, sem a dura necessidade do trabalho constante, ao contrário do que acontecia no Velho Mundo.

Tal visão do paraíso se encontra no relato da primeira viagem de Colombo; na *Historia de las Indias*, de Bartolomé de Las Casas (1474-1566); no *Tratado da Terra do Brasil* (1573), de Pero de Magalhães Gândavo; na *Crônica da Companhia de Jesus* (1663), de Simão de Vasconcelos.[26] Faz-se presente ainda na *História da*

25. Delumeau, Jean. *Mille ans de bonheur: une histoire du paradis*. Paris: Fayard, 1995 [ed. bras.: *Mil anos de felicidade: uma história do paraíso*. Trad. de Paulo Neves. São Paulo: Companhia das Letras, 1997, p. 17].

26. Buarque de Holanda, Sérgio. *Visão do paraíso: os motivos edênicos no Descobrimento e colonização do Brasil* (1959). São Paulo: Companhia Editora Nacional, 1977, pp. XI-XVI.

América portuguesa (1730), de Rocha Pita, citado em *Os sertões* como escritor rebuscado, cujos exageros descritivos se explicariam pelo aspecto majestoso da natureza brasileira.

O SERTÃO VAI VIRAR MAR

Os sertões é uma obra que transita entre a literatura, a história e a ciência, ao unir a perspectiva científica, de base naturalista e evolucionista, à construção literária, marcada pelo fatalismo trágico e por uma visão romântica da natureza. Euclides recorreu a formas de ficção – como a tragédia e a epopeia – para compreender o horror da guerra e inserir os fatos em um enredo capaz de ultrapassar sua significação particular.

O escritor dizia ser ele próprio um "misto de celta, de tapuia e grego",[27] para falar do encontro de sua educação brasileira com a cultura greco-francesa. Tal encontro o levara à poesia romântica, à ciência naturalista e à retórica clássica, cujos recursos empregou, com grande riqueza vocabular, nas inúmeras alusões, comparações e metáforas de *Os sertões*. Em carta ao poeta Vicente de Carvalho, de 10 de fevereiro de 1909, referiu-se à fatalidade como a "maldade obscura e in-

27. A referência se encontra no poema que enviou, junto com foto sua, a Lúcio de Mendonça: "Aí vai, para saudá-lo no remanso/ De um lar, onde terá digno conchego,/ Este caboclo, este jagunço manso/ – Misto de celta, de tapuia e grego!". Ver: Cunha, Euclides da. Poema manuscrito. Lorena, 26/12/1903 (Casa de Cultura Euclides da Cunha, São José do Rio Pardo). In: Venancio Filho, Francisco. *A glória de Euclides da Cunha*. São Paulo: Companhia Editora Nacional, 1940, p. 132.

consciente das coisas", que inspirou a concepção trágica dos gregos.

Viu Canudos como desvio histórico capaz de ameaçar a "linha reta" que seguia desde a juventude, concebida como a fidelidade às crenças republicanas. Frequente nas cartas aos amigos e familiares, a imagem da linha reta, de inspiração geométrica, deu forma à retidão de caráter que procurou manter ao longo da vida e se ligava ao conceito linear e evolutivo de história, adotado por positivistas e evolucionistas, que acreditavam no aperfeiçoamento progressivo do homem e da sociedade.

Gilberto Freyre já tinha observado, em *Perfil de Euclides e outros perfis* (1944), que a natureza que transborda de *Os sertões* é aquela que a personalidade angustiada do escritor precisou exagerar para se completar e nela se exprimir. Visionário, Euclides transfigurava a paisagem à sua volta, enxergando por toda parte miragens e espectros que remetiam à mitologia, à história e à literatura. As serras de pedra do Cambaio, por exemplo, que as tropas da 2ª coluna, sob o comando do general Cláudio do Amaral Savaget, tiveram que atravessar sob tiroteio, lhe lembravam velhíssimos castelos ou fortalezas de titãs em ruínas.

Os sertões se destacou, em meio à enxurrada de livros sobre Canudos, pela preocupação estilística de seu autor, que fez mais de 10 mil correções nas três edições que lançou em vida, quase todas de ortografia, vocabulário, sintaxe e pontuação. O livro ganhou permanência pela escrita poética, em que o jogo de antíteses e paradoxos indica os próprios conflitos do autor no julgamento da ação das tropas republicanas, supostos representantes do progresso. Seu êxito se explica também pela vasta pesquisa de fontes e pela visão de um país fraturado por tempos históricos e mundos culturais conflitantes mas, no fundo, muito semelhantes...

A sonoridade de seu estilo sinuoso foi comentada nos anos 1940 pelo poeta Guilherme de Almeida e, depois, pelos críticos Modesto de Abreu, em *Estilo e personalidade de Euclides da Cunha* (1963), e Franklin de Oliveira, em *Euclydes* (1983). Tal escrita poética foi abordada, mais recentemente, pelos poetas concretos Augusto e Haroldo de Campos, em *Os sertões dos Campos* (1997). Euclides retomava sons, martelava ritmos e inseria em sua prosa recortes métricos, com versos de dez ou doze sílabas, bem ao gosto parnasiano. Dessa forma, construía episódios de grande dramaticidade, com efeitos próprios à poesia declamada, como na descrição dos rodeios de vaqueiros, em que a colisão dos sons nasais, vocálicos e consonantais recria a batida dos cascos da boiada:

> De repente estruge ao lado um estrídulo tropel de cascos sobre pedras, um estrépito de galhos estalando, um estalar de chifres embatendo; tufa nos ares, em novelos, uma nuvem de pó; rompe, a súbitas, na clareira, embolada, uma ponta de gado; e, logo após, sobre o cavalo que estava esbarrado, o vaqueiro, teso nos estribos...

Com seu estilo sonoro e a interpretação das duas faces contraditórias e complementares do país, *Os sertões* se tornou obra canônica da cultura brasileira do século XX, ainda que hoje se encontrem superados muitos de seus aspectos científicos, como as hipóteses geológicas, as teorias raciais e parte da reconstrução histórica, marcada por uma visão negativa de Canudos e da atuação do Conselheiro.

Euclides abordou a comunidade como "*urbs* monstruosa, de barro", ou "*civitas* sinistra do erro", dominada pela desordem e pelo crime. Viu o povoado como um ajuntamento caótico e repugnante de casas, onde haveria o coletivismo dos bens e o "amor livre", já que muitos casais viviam em concubinato. Porém, fiel à sua escrita paradoxal, comparou o Conselheiro aos profetas heréticos do cristianismo primitivo e destacou o moralismo dominante em Canudos, onde eram banidos o consumo de bebidas alcoólicas e os enfeites femininos.

Revelou o mesmo distanciamento ao comentar as profecias, que julgou serem do Conselheiro, e os poemas populares, recolhidos junto às ruínas da comunidade. Eram, para ele, "pobres papéis", com "ortografia bárbara" e "escrita irregular", que revelariam o "pensamento torturado" dos sertanejos. Em sua caderneta, transcreveu duas profecias apocalípticas e duas narrativas em versos sobre os primórdios da República e a derrota da 3ª expedição contra Canudos, sob o comando do coronel Moreira César, "grande impio/ lá do rio Janeiro", comido pelos "zurubu" do Belo Monte, que "coele fizeram fubá".

Procurou recriar, a partir de tais fontes orais, o imaginário dos seguidores do Conselheiro e propôs outra interpretação de Canudos, até hoje controversa, não como centro de uma conspiração monárquica, mas como comunidade messiânica, em que haveria a espera mágica de dom Sebastião, que voltaria, com suas tropas, para derrotar as forças da República. Teria sido revivido assim, no Belo Monte, o mito do retorno glorioso daquele rei português, morto em batalha em 1578, na tentativa de expandir os domínios da cristandade na África. O sebastianismo se manteve em Portugal até o século XIX e se manifestou no Brasil em movimentos messiânicos, como o da Cidade do Paraíso Terrestre (1817-20) e o de Pedra Bonita (1836-38), ambos em Pernambuco, ou o do Contestado (1910-14), no Paraná e em Santa Catarina.[28]

As profecias sebastianistas e apocalípticas, que Euclides menciona em *Os sertões*, ganharam nova ressonância em *Deus e o diabo na terra do sol*, do cineasta Glauber Rocha. Ressurgiram, no filme, pelas falas do beato Sebastião, que contém traços dos líderes de Canudos e de Pedra Bonita, e na trilha sonora, composta por Sérgio Ricardo: "O sertão vai virar mar/ e o mar vai virar sertão". Glauber converteu tais presságios em estribilho revolucionário, que celebra a reforma agrária e a redenção política, simbolizadas pelas ondas do vasto mar, para onde corre o vaqueiro Manuel na apoteótica cena final.

UMA HISTÓRIA TRÁGICA

Euclides concebeu a história como drama trágico, ao escrever sobre os conflitos armados dos primeiros anos da República, como a Revolta da Armada e a Guerra de Canudos, dos quais

28. Ver: Pereira de Queiroz, Maria Isaura. *O messianismo no Brasil e no mundo* (1965). São Paulo: Alfa-Ômega, 1977, pp. 216-305.

foi testemunha e intérprete. Empregou imagens ligadas às artes plásticas e cênicas, para apresentar os fatos históricos como se fossem uma peça de teatro ou os quadros de uma exposição.

Leu, ao longo da vida, os trágicos gregos – Ésquilo, Sófocles e Eurípides –, além dos dramas de Shakespeare. À época que redigia *Os sertões*, pintou a zarcão, na frente do barracão de onde fiscalizava as obras da ponte em São José do Rio Pardo, a indagação amarga e irônica do Hamlet de Shakespeare, surpreso com a súbita alegria da mãe, a rainha Gertrudes, após a misteriosa morte do marido: "What should a man do but be merry?" [Que faria o homem, se não risse?][29]

Recriou, em *Os sertões*, a Guerra de Canudos como tragédia, em que o não herói, o sertanejo, se transforma em herói em uma transfiguração quase milagrosa de apoteose. As imagens teatrais convertem as batalhas em espetáculo, em que o narrador retoma o papel do coro da tragédia clássica, comentando os acontecimentos, lamentando as vítimas e acusando os vencedores. A linguagem dramática, frequente no livro, se articula ao discurso militar, em que são correntes termos como "teatro de operações" e "teatro da luta".

As inúmeras expressões ligadas ao drama – anfiteatro, cenário, palco, tragédia, atores, plateia, espectadores – permitem a Euclides desenvolver uma ideia central em sua escrita: a inversão de papéis. Decorrem de tal inversão, con-

29. Shakespeare, William. *The Tragicall Historie of Hamlet, Prince of Denmarke* (1603). Londres: Longman, 1970, p. 113 [ed. bras.: *Hamlet*. Trad. de Millôr Fernandes. Porto Alegre: L&PM, 1999, p. 71].

forme notou Leopoldo Bernucci, no prefácio à edição anotada de *Os sertões* (2001), as principais figuras de linguagem e pensamento do livro, como a antítese, o oximoro e a ironia, que mostram a ilusão e o avesso das coisas e estabelecem correspondências momentâneas entre os objetos, que logo se tornam ilusões ou paradoxos, a exemplo da visão do céu que se transforma em inferno, ou do deserto que cria a miragem do mar.

Inspirada no drama, a inversão de papéis, com sua poderosa ironia, fortalece a semelhança entre os lados opostos e revela a troca de lugares entre o bárbaro e o civilizado. A matança dos prisioneiros se torna um "drama sanguinolento da Idade das cavernas" ou um "recuo prodigioso no tempo", em que os soldados e oficiais, pretensos agentes da civilização, agiam de forma primitiva: "Era uma inversão de papéis. Uma antinomia vergonhosa...".

Com sua visão teatral da guerra, Euclides recria o espaço geográfico como cenário de um "emocionante drama" histórico. O sertão de Canudos surge como "monstruoso anfiteatro", cercado de "camarotes grosseiros", cujo isolamento se reforça pelo círculo de montanhas em toda a volta, que evoca os teatros ao ar livre da Antiguidade e traz a certeza da impunidade à "multidão criminosa e paga para matar", formada das tropas republicanas.

Segundo observou Berthold Zilly, a violenta batalha de 24 de setembro de 1897, que resultou no cerco de Canudos, é narrada de forma épica e plástica, com longas descrições de quadros, e depois como um ato de tragédia, em que as imagens se tornam teatrais e dinâmicas.[30] Contado com intensa dramaticidade, esse combate foi crucial para o desenrolar da guerra, pois permitiu às forças do Exército cercar a cidade e selar sua derrota, ao privar os habitantes de água e comida.

Munido de binóculo, Euclides acompanhou o espetáculo do alto do morro, junto com os oficiais do alto-comando e da comissão de engenharia, que formavam uma "plateia enorme para a contemplação do drama", entusiasmada com os avanços das tropas: "Aplaudia-se. Pateava-se. Estrugiam bravos. A cena – real, concreta, iniludível – aparecia-lhes aos olhos como se fora uma ficção estupenda, naquele palco revolto, no resplendor sinistro de uma gambiarra de incêndios". O fumo escondia, por vezes, o povoado, "como o telão descido sobre um ato de tragédia", e deixava contrariados os "espectadores frenéticos", que agitavam seus binóculos na tentativa de adivinhar o enredo repentinamente encoberto.

Ausente das reportagens, a degola dos prisioneiros é mencionada de forma velada em *Os sertões*, ainda que sejam relatados alguns casos de decapitação, estripamento ou esfaqueamento de sertanejos. Um jovem, que respondia altivo e indiferente a todas as perguntas com um "sei não!", pede para morrer "de tiro", mas o soldado lhe enfia, sem piedade, a faca na garganta, enquanto o prisioneiro dá um último grito, que sai gargarejante pela boca ensanguentada: "Viva o Bom Jesus!...".

30. Ver: Zilly, Berthold. "A guerra como painel e espetáculo: a história encenada em *Os sertões*".

Outro preso, levado à tenda do general João da Silva Barbosa, comandante da 1ª coluna, balbucia algumas frases mal percebidas e tira o chapéu de couro para se sentar. É, no entanto, derrubado a socos por sua insolência e arrastado, com uma corda amarrada ao pescoço, para o "seio misterioso da caatinga", onde é morto com requintes de crueldade, como tantos outros, aos quais era imposto um "viva à República", poucas vezes atendido. Sentencia o escritor: "Aquilo não era uma campanha, era uma charqueada. Não era a ação severa das leis, era a vingança".

Euclides recua diante de um fato inexprimível, que ultrapassa seus limites éticos pela covardia e pela violência extremas: a matança dos presos que se haviam rendido, com garantias de vida, ao general Artur Oscar. Insinua, em vez de relatar, a chacina ocorrida em Canudos, de modo semelhante à visão parcial que tinha do povoado durante as batalhas, quando as cortinas de fumaça cobriam as ruínas. Sua narrativa repousa sobre uma estrutura tensa, devido ao conflito entre a necessidade de revisitar um evento traumático do passado e a impossibilidade de representar aquilo que supera a própria linguagem.[31]

O crime cometido pelas forças militares recebe, portanto, um tratamento simbólico, como na imagem das cabeças-de-frade espalhadas pela caatinga, que metaforiza a degola e evita a banalidade do registro realista ou a platitude do testemunho

31. Sobre a representação de catástrofes como o Holocausto, ver: Seligmann-Silva, Márcio. "A história como trauma". In: Nestrovski, Arthur; Seligmann-Silva, Márcio (orgs.). *Catástrofe e representação*. São Paulo: Escuta, 2000, pp. 73-98.

documental. Sua narração suspensiva do massacre resultou de uma opção estética por evitar a representação de fatos patéticos: "E de que modo comentaríamos, com a só fragilidade da palavra humana, o fato singular de não aparecerem mais, desde a manhã de 3, os prisioneiros válidos colhidos na véspera [...]?". Tal elipse narrativa, que torna a matança subentendida, tem função semelhante ao decoro na tragédia, em que se impedia a visão das cenas violentas, com derramamento de sangue, representadas fora de cena, dentro do palácio real, enquanto os espectadores ouviam os gritos da vítima.[32]

Euclides retomou tal visão teatral e irônica da história no breve relato "A esfinge", de *Contrastes e confrontos*, parte do livro que pretendia escrever sobre a Revolta da Armada. Contou a visita noturna feita pelo marechal Floriano Peixoto, tido como o "consolidador da República", às obras da fortificação que Euclides erguia, como engenheiro militar, no cais do porto do Rio, para abrigar o canhão que iria bombardear os navios insurgentes. Aos olhos do escritor, o "Marechal de Ferro" surgia como "esfinge", em cuja face enigmática, entrevista "no escuro feito a visão de um pesadelo", estariam inscritos os destinos do país.

Durante a revolta, ao contemplar os navios de guerra imersos à noite na baía, Euclides se sentiu como o figurante de um drama trágico:

> Imaginei-me, então, obscuríssimo comparsa numa dessas tragédias da antiguidade clássica, de um realismo estupendo, com os

32. Taplin, Oliver. *Greek Tragedy in Action*. Londres: Methuen, 1978.

> seus palcos desmedidos, sem telão e sem coberturas, com os seus bastidores de verdadeiras montanhas em que se despenhavam os heróis de Ésquilo.[33]

Os papéis se confundiam, com cômica ironia, nesse drama histórico. O governo – suposto representante da legalidade, "belo eufemismo destes tempos sem leis" – decretava o estado de sítio e esmagava os rebeldes pela suspensão das mesmas leis que deveria defender... A Constituição era, portanto, estrangulada pelos "abraços demasiado apertados dos que a adoram": "Representamos desastradamente. Baralhamos os papéis da peça que deriva num jogar de antíteses infelizes, entre senadores armados até aos dentes, brigando como soldados, e militares platônicos bradando pela paz".

A história republicana se encenava como comédia trágica, em que o estilo elevado era rebaixado pela perspectiva irônica: "Os heróis desmandam-se em bufonerias trágicas. Morrem, alguns, com um cômico terrível nesta epopeia pelo avesso". Recorria, como em *Os sertões*, à inversão de papéis, usada agora em sua variante cômica, o quiproquó – ou o *quid pro quo* –, troca de papéis entre as personagens, que cria situações engraçadas no palco, cuja solução depende de serem desfeitos os equívocos e as confusões.

33. Cunha, Euclides da. "A esfinge". In: *Contrastes e confrontos* (1907), p. 125.

O paraíso perdido

Euclides confessou – em carta de 1903 ao engenheiro belga Luís Cruls, ex-chefe da comissão de reconhecimento do Alto Javari e diretor do Observatório Astronômico, no Rio – que sonhava fazer uma viagem ao Acre, referindo-se às expedições geográficas que se anunciavam. A região era palco, desde 1902, de conflitos entre soldados e caucheiros peruanos, de um lado, e seringueiros brasileiros, do outro, e se tornara alvo de disputas territoriais entre três países – Brasil, Peru e Bolívia.

Tinha se desligado, no início de 1904, da atividade de engenheiro que exercera desde 1895 para o governo de São Paulo. Sem emprego fixo, retomou a colaboração com O *Estado de S. Paulo* e passou a escrever também para O *País*, do Rio de Janeiro. Com dificuldades financeiras, transferiu em abril para a editora Laemmert, em caráter definitivo, os direitos de *Os sertões*, pela módica quantia de 1 conto e 800 mil-réis, pouco mais do que recebera pela segunda edição.

Em dois artigos em O *País*, de 8 e 14 de maio de 1904, com o título de "Plano de uma cruzada", depois incluídos em *Contras-*

tes e confrontos, apresentava o plano de uma "campanha formidável contra o deserto". Propunha uma "guerra dos cem anos" de combate às secas do Nordeste, que incluiria a exploração científica da região e a realização de obras, como a arborização em larga escala, a construção de açudes, poços artesianos e estradas de ferro e o desvio das águas do rio São Francisco para as regiões atingidas pela estiagem.

Tornou público seu interesse pela Amazônia, ao participar, em maio de 1904, com artigos em *O Estado de S. Paulo*, reunidos em *Contrastes e confrontos*, do debate sobre os conflitos do Peru com a Bolívia e o Brasil, que tomava como movimento de expansão para o Atlântico. Criticava o envio de tropas brasileiras para o alto Purus e defendia uma solução diplomática, sem intervenção militar, que permitisse incorporar o território do Acre.

Em 9 de agosto de 1904, o Barão do Rio Branco, ministro das Relações Exteriores, o nomeou chefe da Comissão Brasileira de Reconhecimento do Alto Purus, com a missão de fazer o levantamento cartográfico do rio. A nomeação foi obtida graças ao diplomata e historiador Oliveira Lima e, sobretudo, à ajuda de José Veríssimo, que o recomendara a Rio Branco. Mudou-se, em setembro, para o Rio, de modo a fazer os preparativos da expedição, para a qual contratou, como fotógrafo, Egas Chaves Florence.

Passou três meses em Manaus, de janeiro a abril de 1905, às voltas com os preparativos da expedição. Foi acometido de febre e se exasperou com o calor úmido da cidade, "meca tumultuária dos seringueiros", "comercial e insuportável", cujo clima julgava, com ironia, bom apenas para as palmeiras. No entanto, logo se reconciliou com a natureza amazônica e suas "manhãs primaveris e admiráveis".

O atraso do Itamaraty no envio das instruções para a viagem foi prejudicial aos expedicionários, que saíram na vazante dos rios, sendo obrigados a abandonar as lanchas a vapor e fazer parte do percurso em canoas movidas a remo ou arrastadas a pulso. Composta de nove membros, acompanhados de vinte soldados, a comissão brasileira partiu, em 5 de abril, do igarapé São Raimundo, em Manaus, em duas lanchas e um batelão com mantimentos. Seguia acompanhada pelos membros da comissão peruana, chefiada pelo capitão de corveta Pedro Alejandro Buenaño, com o qual Euclides teria inúmeros atritos.

Alcançaram a foz do Purus em 9 de abril, às sete horas da manhã, e a foz do Chandless em 30 de maio. Nos acampamentos à noite, Euclides tinha visões de uma mulher vestida de branco, que lhe dizia: "A estrada do cemitério já chegou à porta da fazenda". A aparição o perseguia desde São José do Rio Pardo, conforme revelou em conversa a Coelho Neto. Por causa do naufrágio do barco com mantimentos, os membros da comissão brasileira atingiram o Cujar, uma das cabeceiras do Purus, famintos e esfarrapados. Desvendaram, porém, o mistério da ligação do Purus com os rios Ucaiale e Madre de Dios, feita através de canais abertos por caucheiros e seringueiros.

Retornou a Manaus em 23 de outubro, depois de ter feito, em seis meses e meio, o reconhecimento de 3.259 quilômetros do rio Purus. Repleta de dificuldades, a viagem foi danosa para a saúde de Euclides, que passou fome e contraiu malária na selva. Redigiu em Manaus, com o comissário peruano, o relatório da expedição e embarcou para o Rio em 18 de dezembro. De volta à capital federal, preparou os mapas que permitiriam a Rio Branco resolver, em setembro de 1909, as questões de fronteira entre o Brasil e o Peru.

Os ensaios de Euclides sobre a Amazônia foram reunidos em dois livros: *Contrastes e confrontos* e *À margem da história*. Tanto em *Os sertões* como nos ensaios amazônicos, abordou uma mesma personagem, o sertanejo, "expatriado dentro da própria pátria". Reunido em comunidade sob a liderança do Conselheiro, ou em migração para os seringais do Acre, o sertanejo fugia das calamidades da seca. Inimigo da República em Canudos, passou a ser visto com maior simpatia na Amazônia, como agente de povoamento nos confins da selva, que retomaria a saga gloriosa dos bandeirantes.

Já de volta ao Rio, começou a escrever, em setembro de 1906, *Um paraíso perdido*, obra jamais acabada sobre a Amazônia, cujo título evocaria o poema épico do inglês John Milton, *Paradise Lost* (1674), sobre a queda de Adão e sua expulsão do paraíso. Seria, nas palavras de Euclides, seu "segundo livro vingador", em que iria integrar o clamor por justiça social a uma ampla interpretação histórico-cultural, como em *Os sertões*.

No prefácio a *O inferno verde* (1908), livro de relatos amazônicos do engenheiro Alberto Rangel, seu antigo colega da Escola Militar, propôs uma "guerra de mil anos contra o desconhecido", de modo a arrancar os "derradeiros véus" dessa "paragem maravilhosa". Imaginou a Amazônia como esfinge – retomando imagem já aplicada ao Marechal Floriano –, cuja decifração permitiria esclarecer os últimos mistérios da história natural: "Mas então não haverá segredos na própria natureza. A definição dos últimos aspectos da Amazônia será o fecho de toda a história natural".[34]

A TRAGÉDIA DA PIEDADE

Euclides regressou ao Rio, em janeiro de 1906, com a saúde debilitada. Sofria de malária crônica e incurável, com febres periódicas, o que se juntou à tuberculose que trazia da infância. Encontrou grávida, devido às relações extraconjugais com o cadete Dilermando de Assis, sua esposa, Ana Emília Ribeiro da Cunha, filha do general Frederico Sampaio Sólon Ribeiro, um dos líderes da Proclamação da República. Irritava-se com o cosmopolitismo postiço da capital federal, transfigurada pelas reformas do prefeito Pereira Passos (1902-06), que demolira o casario antigo para arejar e remodelar o centro e abrir a avenida Central, atual Rio Branco.

Trabalhou, até 1909, no Ministério das Relações Exteriores, como adido do Barão do Rio Branco, com a missão de preparar mapas sobre questões de fronteira e redigir instruções técnicas para a construção da estrada de ferro Madeira-Mamoré. Sentia o desconforto de uma posição instável, sujeita às graças do barão, já que não pertencia ao quadro efetivo de funcionários nem tampouco conseguira ingressar na carreira diplomática, que te-

34. Cunha, Euclides da. "Preâmbulo". In: Rangel, Alberto. *Inferno verde: cenas e cenários do Amazonas* (1908). Tours: Tip. Arrault, 1927, p. 5. Republicado em: Cunha, Euclides da. "O inferno verde". In: *Obra completa*, v. 1, pp. 492-9.

ria, segundo ele, "a altíssima valia de ser uma carreira... para fora do Brasil".

Foi um eterno insatisfeito com suas atividades profissionais, quer como militar, quer como engenheiro. Arrastou consigo a incômoda contradição entre a face pública de escritor consagrado e a busca inglória de emprego mais propício à atividade literária. Conviveu com tal dilema até ingressar, em 15 de julho de 1909, poucas semanas antes da morte, no Colégio Pedro II, então Ginásio Nacional, como professor de lógica, após tumultuado concurso, em que terminou classificado em segundo lugar, atrás do filósofo cearense Farias Brito, autor de *Finalidade do mundo* (1894-1905).

Em carta a Oliveira Lima, de 18 de junho do mesmo ano, comentou, com ironia, as dificuldades do concurso: encontrava-se em uma "situação maravilhosa", "a ver navios" naquela adorável República, que o deixava sempre de lado... Residia em uma casa em Copacabana, cujos fundos davam para a praia, e ficava mesmo a ver navios, enquanto se preparava para o concurso... Acabou, porém, por obter a ansiada nomeação, graças à fama de escritor e à interferência, junto ao presidente Nilo Peçanha (1909-1910), do Barão do Rio Branco e do escritor e deputado Coelho Neto, seu amigo.

Como o Conselheiro, Euclides teve um fim trágico. Ambos foram órfãos de mãe e construtores itinerantes, um de capelas, igrejas e cemitérios, o outro de pontes, escolas e estradas. Os dois tiveram o destino marcado pelo adultério das esposas, pela luta sangrenta das famílias contra seus inimigos e pelas posições que assumiram ante a República: um de feroz oposição, o outro de adesão entusiástica, seguida de crítica mordaz. Ambos tiveram fé – o líder religioso na força redentora da devoção e do ascetismo; o escritor no poder transformador da literatura, da ciência e da arte.

Euclides morreu em 15 de agosto de 1909, um domingo chuvoso, no bairro da Piedade, no Rio, em tiroteio com o cadete Dilermando de Assis e seu irmão, o aspirante naval Dinorá. Foi atingido por quatro disparos na casa dos Assis, na estrada Real de Santa Cruz, atual avenida Suburbana. Caiu no pequeno jardim à frente da residência, fulminado por um tiro no peito, disparado por Dilermando, quando já se retirava ferido. Levado para a cama do rival, lá expirou. Dilermando fora ferido por quatro projéteis. Dinorá, por sua vez, recebera um tiro na altura do ombro, próximo à coluna, e passou a ter dificuldades de locomoção, cometendo suicídio em 1921.

Dois dias após a morte de Euclides, José Veríssimo, que o consagrara com artigo sobre *Os sertões*, escreveu ao acadêmico Mário de Alencar para confessar que não tinha muita simpatia pelo escritor e que precisara se esforçar para tolerá-lo, já que achava insuportável o seu "egotismo". Afirmou ainda, em uma previsão equivocada, que a obra de Euclides não iria sobreviver.[35] Apesar disso, Veríssimo presidiu a sessão da Academia na qual manifestou pesar pela perda do "saudoso companheiro" e declarou aberta sua vaga, que seria ocupada por Afrânio Peixoto.

35. Carta de José Veríssimo a Mário de Alencar. Rio de Janeiro, 17/8/1909. Manuscrito (Academia Brasileira de Letras, Rio de Janeiro). In: Montello, Josué. *O presidente Machado de Assis nos papéis e relíquias da Academia Brasileira*. Rio de Janeiro: José Olympio, 1986, p. 214.

O fim de Euclides foi contraditório com sua obra, pois *Os sertões* é um manifesto contra a violência, em que critica o código ancestral de reparação das ofensas à honra por meio de sangrentas desforras, que teve funestas consequências na vida familiar de Antônio Conselheiro e na própria Guerra de Canudos. Em 4 de julho de 1916, sete anos após a morte de Euclides, Dilermando fuzilou, com um tiro à queima-roupa, o aspirante naval Euclides da Cunha Filho, o Quidinho, filho preferido do escritor, que tentava vingar o pai.

A imprensa noticiara a morte do autor de *Os sertões* como a "tragédia da Piedade", usando as mesmas imagens teatrais presentes em sua obra. Em discurso na Câmara dos Deputados, no dia seguinte à morte de Euclides, Coelho Neto comparou seu desaparecimento à trilogia trágica *Oréstia* (458 a.C.), do poeta grego Ésquilo, em que Agamenon, rei de Argos, é assassinado pela esposa, Clitemnestra, e pelo amante desta, Egisto, quando voltava triunfante da Guerra de Troia.

Depois, em 1916, os jornais comparariam o destino de seu filho ao drama do Hamlet de Shakespeare, obcecado em obter vingança para o pai assassinado. Antes de partir ao encontro de seu matador, Quidinho deixou um bilhete de despedida: "Isto que vou fazer, qualquer o faria, desde que tivesse sentimentos de honra! Nada mais tenho a fazer do que agir!... A caminho...".[36] Ao agir como os heróis antigos ou os valentões sertanejos, Euclides transformou sua vida em uma ficção trágica.

36. "Pela honra de um nome". *Correio da Manhã*, Rio de Janeiro, 5/7/1916.

Euclides da Cunha (1866-1909).

Resumo biográfico

1866 Em 20 de janeiro, nasce Euclides Rodrigues Pimenta da Cunha, na fazenda Saudade, em Cantagalo (RJ), no vale do rio Paraíba do Sul.

1869 Morre de tuberculose a mãe, Eudóxia Moreira da Cunha, que deixa órfãos Euclides, com três anos de idade, e sua irmã, Adélia, com um ano.

1871 Junto com a irmã, muda-se para a fazenda São Joaquim, dos tios maternos Laura e Cândido José de Magalhães Garcez, em São Fidélis (RJ), onde morará por três anos.

1874 Aos oito anos de idade, inicia os estudos no Instituto Colegial Fidelense, em São Fidélis.

1877 Passa breve período na casa da avó paterna, Teresa Maria de Jesus Viana, em Salvador, e frequenta o Colégio Bahia.

1879 Muda-se para a casa de Antônio Pimenta da Cunha, seu tio paterno, no Rio, e cursa os colégios Anglo-Americano, Vitório da Costa e Menezes Vieira.

1884 Publica seu primeiro artigo no jornal *O Democrata*, dos alunos do Colégio Aquino, no Rio, em que revela a percepção dramática da natureza, que se fará presente em toda a sua obra.

1885 Estuda engenharia na Escola Politécnica do Rio, que frequenta por apenas um ano.

1886 Matricula-se no curso de Estado-Maior e engenharia da Escola Militar, no Rio.

1888 Durante revista das tropas pelo ministro da Guerra, sai de forma e protesta contra a política de promoções no Exército. Sob o pretexto de incapacidade física, é desligado da Escola Militar.

Convidado por Júlio Mesquita, publica artigos de propaganda republicana em *A Província de S. Paulo*, hoje *O Estado de S. Paulo*.

1889 Retorna à Escola Politécnica, para prosseguir os estudos de engenharia. Com a Proclamação da República, volta ao Exército, apoiado pelos colegas da Escola Militar, que pediram sua reintegração a Benjamin Constant, seu antigo professor, agora ministro da Guerra.

1890 Matricula-se na Escola Superior de Guerra e é promovido a segundo-tenente, beneficiado pela política favorável aos cadetes e oficiais próximos ao Marechal Deodoro da Fonseca, primeiro presidente do país.

Decepcionado com o novo regime, ataca no jornal carioca *Democracia* alguns atos do governo, como a indenização oferecida a d. Pedro II, que o ex-imperador altivamente recusa.

Em 10 de setembro, casa-se com Ana Emília Sólon Ribeiro, a Saninha, de dezoito anos, filha do coronel Frederico Sólon Sampaio Ribeiro, um dos líderes da Proclamação da República.

1891 Comparece a reuniões, na casa do vice-presidente, Marechal Floriano Peixoto, de preparação do Golpe da Marinha, que, em 23 de novembro, derruba o Marechal Deodoro e conduz seu vice à Presidência.

1892 Conclui o curso da Escola Superior de Guerra e é promovido a tenente, seu último posto na carreira militar. Em artigos em *O Estado de S. Paulo,* defende o governo do Marechal Floriano, envolvido na controvérsia sobre a legalidade de seu mandato presidencial.

Dá aulas de física na Escola Militar. Nasce seu filho Sólon Ribeiro da Cunha, cujo nome faz homenagem ao sogro.

1894 Como oficial da Diretoria de Obras Militares, constrói trincheiras e fortificações durante a Revolta da Armada, no Rio. Seu sogro, o agora general Sólon Ribeiro, é preso sob a suspeita de envolvimento com os rebeldes da Marinha, que exigem novas eleições presidenciais.

Em cartas à *Gazeta de Notícias,* protesta contra a execução sumária dos prisioneiros políticos, pedida por um senador florianista. Como punição, é transferido para a cidade de Campanha (sul de Minas Gerais), com a missão de reformar um prédio para o Exército. Nasce seu filho Euclides Ribeiro da Cunha Filho, o Quidinho.

1896 Pede reforma do Exército no posto de tenente e trabalha como engenheiro na Superintendência de Obras Públicas do Estado de São Paulo. Reside em São Carlos do Pinhal (SP), como chefe do 5º Distrito de Obras Públicas.

1897 Publica "A nossa Vendeia", dois artigos em *O Estado de S. Paulo* sobre a surpreendente derrota da 3ª expedição contra

Canudos, comandada pelo coronel Antônio Moreira César, morto em combate.

Viaja para a Bahia como correspondente de *O Estado de S. Paulo* e escreve reportagens sobre a Guerra de Canudos. De volta a São Paulo, vai para a fazenda do pai em Descalvado, no interior do estado, onde começa a escrever *Os sertões.*

1898 Mora por três anos, de março de 1898 a maio de 1901, em São José do Rio Pardo, no interior de São Paulo, para reconstruir a ponte metálica sobre o rio que corta a cidade. Grande parte de *Os sertões* é redigida na cidade.

1900 Finaliza, em maio, a primeira versão de *Os sertões.*

1901 Nasce seu terceiro filho, Manuel Afonso Ribeiro da Cunha, batizado em 18 de maio, mesmo dia em que é reinaugurada, com festejos, a ponte sobre o rio Pardo. É nomeado chefe do 5º Distrito de Obras Públicas, em São Carlos do Pinhal, onde conclui *Os sertões.*

É transferido para o 2º Distrito de Obras, com sede em Guaratinguetá, e reside em Lorena (SP). Em dezembro, assina contrato com a editora Laemmert, do Rio, para a publicação de 1.200 exemplares de *Os sertões.*

1902 Faz, em novembro, dezenas de correções nos exemplares já impressos de *Os sertões.* Distribuído em 2 de dezembro, o livro se torna sucesso de público e crítica.

1903 Começa a tomar notas para a *História da revolta,* livro sobre a rebelião da Marinha, que, como oficial do Exército, combateu no Rio de 1893 a 1894. Irá interromper sua redação ao ser nomeado, no ano seguinte, para a expedição ao rio Purus, na Amazônia.

É eleito para a Academia Brasileira de Letras e toma posse no Instituto Histórico e Geográfico Brasileiro. No final do ano, demite-se da Superintendência de Obras Públicas, devido à crise financeira do estado de São Paulo, que reduz os vencimentos dos funcionários.

1904 Trabalha, por poucos meses, na Comissão de Saneamento de Santos, da qual se demite por desentendimentos. Sem trabalho fixo, retoma a colaboração com *O Estado de S. Paulo* e passa a escrever para *O País*, do Rio.

É nomeado chefe da Comissão Brasileira de Reconhecimento do Alto Purus, na fronteira entre o Brasil e o Peru, com a missão de fazer o levantamento cartográfico do rio.

1905 Passa três meses em Manaus, às voltas com os preparativos da expedição ao Purus. Composta de nove membros, acompanhados por vinte soldados, a comissão parte da cidade em 5 de abril, em duas lanchas e um batelão com mantimentos.

Retorna a Manaus em 23 de outubro, depois de ter feito, em seis meses e meio, o reconhecimento de 3.259 quilômetros do rio Purus.

1906 Regressa ao Rio, com a saúde debilitada pela malária contraída na selva, que se junta à tuberculose da infância. Trabalha como adido de José Maria da Silva Paranhos Júnior, o Barão do Rio Branco, ministro das Relações Exteriores.

Pela Livraria Francisco Alves, publica *Peru versus Bolívia*, em que toma partido da Bolívia contra as pretensões territoriais do Peru, que reivindicava parte do Acre. Começa a escrever *Um paraíso perdido*, obra sobre a Amazônia, que deixará inacabada.

1907 Sai *Contrastes e confrontos*, pela Livraria Chardron, do Porto (Portugal), com 28 ensaios sobre a Amazônia, questões históricas e política internacional. Nasce Luís Ribeiro da Cunha, registrado como seu filho, mas que irá adotar, já adulto, o sobrenome do pai biológico, Dilermando de Assis, amante de Ana.

1908 Em 30 de setembro, publica no *Jornal do Commercio*, do Rio, a crônica "A última visita", sobre a homenagem de um anônimo estudante a Machado de Assis em seu leito de morte. O desconhecido era Astrojildo Pereira, depois secretário-geral do Partido Comunista Brasileiro e autor de estudos sobre o romancista de *Dom Casmurro*.

1909 Entra para o Colégio Pedro II como professor de lógica, após tumultuado concurso, em que ficou classificado em segundo lugar, atrás do filósofo cearense Farias Brito. Devolve aos editores Lello & Irmão as provas de *À margem da história*, reunião de estudos históricos e de ensaios sobre a Amazônia.

Morre, em 15 de agosto, no bairro da Piedade, no Rio de Janeiro, em troca de tiros com o cadete Dilermando de Assis e seu irmão, o aspirante Dinorá. Velado na Academia Brasileira de Letras, é enterrado no dia seguinte, na sepultura nº 3.026 do cemitério de São João Batista, no Rio.

Bibliografia

Bibliografia geral

ALMEIDA, Cícero Antônio F. de. *Canudos: imagens da guerra*. Rio de Janeiro: Lacerda, Museu da República, 1997.

BARLAEUS, Caspar. *Rerum per Octennium in Brasilia*. Amsterdã: 1647 [ed. bras.: BARLÉU, Gaspar. *História dos feitos recentemente praticados durante oito anos no Brasil*. Trad. de Cláudio Brandão. São Paulo/Belo Horizonte: Edusp/Itatiaia, 1974].

BAUDELAIRE, Charles. *Les Fleurs du mal* (1857), *Oeuvres Complètes*. Paris: Gallimard, 1975, v. 1 [ed. bras.: *As flores do mal*. Trad. de Ivan Junqueira. Rio de Janeiro: Nova Fronteira, 1985].

BUARQUE DE HOLANDA, Sérgio. *Visão do paraíso: os motivos edênicos no Descobrimento e colonização do Brasil* (1959). São Paulo: Companhia Editora Nacional, 1977.

CARTA de José Veríssimo a Mário de Alencar. Rio de Janeiro, 17/8/1909. Manuscrito (Academia Brasileira de Letras, Rio de Janeiro). In: MONTELLO, Josué. *O presidente Machado de Assis nos papéis e relíquias da Academia Brasileira*. Rio de Janeiro: José Olympio, 1986.

CASTRO ALVES, Antônio Frederico de. "O navio negreiro" (1868). In: *Obra completa*. Rio de Janeiro: Nova Aguilar, 1997.

CHAUI, Marilena. *Brasil: mito fundador e sociedade autoritária*. São Paulo: Fundação Perseu Abramo, 2000.

DELUMEAU, Jean. *Mille ans de bonheur: une histoire du paradis*. Paris: Fayard, 1995 [ed. bras.: *Mil anos de felicidade: uma história do pa-*

raíso. Trad. de Paulo Neves. São Paulo: Companhia das Letras, 1997].
DUARTE, Paulo. *Júlio Mesquita*. São Paulo: Hucitec, 1977.
GALVÃO, Walnice Nogueira. *No calor da hora: a Guerra de Canudos nos jornais, 4ª expedição*. São Paulo: Ática, 1977.
GALVÃO, Walnice Nogueira; PERES, Fernando da Rocha. *Breviário de Antônio Conselheiro*. Salvador: EDUFBA, 2002.
GÊNESIS; ISAÍAS; e DANIEL. In: *A Bíblia de Jerusalém*. São Paulo: Paulus, 1995.
MARCIANO, frei João Evangelista de Monte. *Relatório* (1895). Salvador: Centro de Estudos Baianos, 1987.
NEEDELL, Jeffrey. *A Tropical Belle Époque: Elite Culture and Society in Turn-of-the-Century Rio de Janeiro*. Cambridge: Cambridge University Press, 1987. [ed. bras.: *Belle Époque tropical: sociedade e cultura de elite no Rio de Janeiro na virada do século*. Trad. de Celso Nogueira. São Paulo: Companhia das Letras, 1993].
NOGUEIRA, Ataliba. *Antônio Conselheiro e Canudos: revisão histórica*. São Paulo: Companhia Editora Nacional, 1978.
PELA honra de um nome. *Correio da Manhã*, Rio de Janeiro, 5/7/1916.
PEREIRA DE QUEIROZ, Maria Isaura. *O messianismo no Brasil e no mundo* (1965). São Paulo: Alfa-Ômega, 1977.
ROMERO, Sílvio. *História da literatura brasileira* (1888). Edição de Luiz Antônio Barreto. Rio de Janeiro/Aracaju: Imago/Ed. da Universidade Federal de Sergipe, 2001, 2 v.
SANTANA, José Carlos Barreto de. "Introdução". In: SAMPAIO, Teodoro. *O rio São Francisco e a Chapada Diamantina* (1903). São Paulo: Companhia das Letras, 2002.
SARMIENTO, Domingo Faustino. *Civilización y barbarie: Vida de Juan Facundo Quiroga* (1845). Madri: Alianza, 1970. [ed. bras.: *Facundo ou civilização e barbárie*. Trad. de Sérgio Alcides. São Paulo: Cosac & Naify, 2010].

SELIGMANN-SILVA, Márcio. "A história como trauma". In: NESTROVSKI, Arthur; SELIGMANN-SILVA, Márcio (orgs.). *Catástrofe e representação*. São Paulo: Escuta, 2000.

SHAKESPEARE, William. *The Tragicall Historie of Hamlet, Prince of Denmarke* (1603). Londres: Longman, 1970 [ed. bras.: *Hamlet*. Trad. de Millôr Fernandes. Porto Alegre: L&PM, 1999].

TAINE, Hippolyte-Adolphe. *Histoire de la littérature anglaise* (1863). Paris: Hachette, 1905, v. 1.

TAPLIN, Oliver. *Greek Tragedy in Action*. Londres: Methuen, 1978.

TELEGRAMA de Prudente de Morais, 7/10/1897. *Jornal do Commercio*, Rio de Janeiro, 8/10/1897.

VASQUEZ, Pedro. *Fotógrafos pioneiros no Rio de Janeiro*. Rio de Janeiro: Dazibao, 1990.

De Euclides da Cunha

Caderneta de campo. Edição de Olímpio de Souza Andrade. São Paulo/Brasília: Cultrix/INL, 1975.

Diário de uma expedição (1897). Organização de Walnice Nogueira Galvão. São Paulo: Companhia das Letras, 2000.

"Página vazia" (1897). In: *Obra completa*. Organização de Afrânio Coutinho. Rio de Janeiro: Nova Aguilar, 1995, v. 1, p. 726.

Os sertões: campanha de Canudos (1902). Edição crítica de Walnice Nogueira Galvão. São Paulo: Ática, 1998. [Edição anotada por Leopoldo Bernucci: São Paulo: Ateliê, 2002./Nova edição crítica por Walnice Nogueira Galvão. São Paulo: Ubu, 2. ed. 2019].

"Relatório da Comissão Mista Brasileiro-Peruana de Reconhecimento do Alto Purus" (1906). In: *Obra completa*. Organização de Afrânio Coutinho. Rio de Janeiro: Nova Aguilar, 1995, v. 1, pp. 753-810.

Contrastes e confrontos (1907). São Paulo/Brasília: Cultrix/INL, 1975.

Peru versus Bolívia (1907). In: *Obra completa*. Organização de Afrâ-

nio Coutinho. Rio de Janeiro: Nova Aguilar, 1995, v. 1, pp. 811-93.
"Preâmbulo". In: RANGEL, Alberto. *Inferno verde: cenas e cenários do Amazonas* (1908). Tours: Tip. Arrault, 1927. Republicado em: CUNHA, Euclides da. "O inferno verde". In: *Obra completa*, v. 1.
À margem da história (1909). São Paulo: Martins Fontes, 1999.
Um paraíso perdido: ensaios, estudos e pronunciamentos sobre a Amazônia. Organização de Leandro Tocantins. Rio de Janeiro: José Olympio, 1994.
Correspondência de Euclides da Cunha (1890-1909). Organização de Walnice Nogueira Galvão e Oswaldo Galotti. São Paulo: Edusp, 1997.
Euclides da Cunha: poesia reunida. BERNUCCI, Leopoldo; HARDMAN, Francisco Foot (org.). São Paulo: Unesp, 2009.

Sobre Euclides da Cunha

ABREU, Modesto de. *Estilo e personalidade de Euclides da Cunha*. Rio de Janeiro: Civilização Brasileira, 1963.
ABREU, Regina. *O enigma de* Os sertões. Rio de Janeiro: Funarte/Rocco, 1998.
ALMEIDA, Guilherme de. "A poesia de *Os sertões*". *Diário de São Paulo*, São Paulo, 18/8/1946. Republicado em: *Revista Brasileira*, Rio de Janeiro, 30: 205-16, jan.-fev.-mar. 2002.
ANDRADE, Olímpio de Souza. *História e interpretação de* Os sertões. São Paulo: Edart, 1966.
ARARIPE JÚNIOR, Tristão de Alencar. "*Os sertões: campanha de Canudos*". *Jornal do Commercio*, Rio de Janeiro, 6/3/1903; 18/3/1903. Republicado em: *Obra crítica*. Rio de Janeiro: Casa de Rui Barbosa, 1966, v. 4, pp. 89-124.
______. "Dois grandes estilos"; "Dois vulcões extintos". In: *Obra crítica*. Rio de Janeiro: Casa de Rui Barbosa, 1966, v. 4, pp. 225-47, 291-9.

AZEVEDO, Aroldo. "*Os sertões* e a geografia". *Boletim Paulista de Geografia*, São Paulo, 5: 23-44, jul. 1950.

BERNUCCI, Leopoldo. *A imitação dos sentidos: prógonos, contemporâneos e epígonos de Euclides da Cunha*. São Paulo: Edusp, 1995.

______. (org.). *Discurso, Ciência e Controvérsia em Euclides da Cunha*. São Paulo: Edusp, 2007.

BORGES, Dain. "A identidade fraturada do Brasil na visão de Euclides da Cunha". In: *Brasil: uma identidade em construção*. Ludwig Lauerhass e Carmen Nova (org.). São Paulo: Ática, 2007.

CALASANS, José. "Euclides da Cunha nos jornais da Bahia". In: *Cartografia de Canudos*. Salvador: Secretaria da Cultura e Turismo, 1997.

CAMPOS, Augusto de; CAMPOS, Haroldo de. *Os sertões dos Campos: duas vezes Euclides*. Rio de Janeiro: Sette Letras, 1997.

COELHO NETO, Henrique Maximiano. "*Os sertões*". *Jornal do Brasil*, Rio de Janeiro, 1º/1/1903; 2/1/1903. Republicado em: vários autores. *Juízos críticos:* Os sertões: campanha de Canudos. Rio de Janeiro: Laemmert, 1904, pp. 88-99.

______. "Feições do homem". In: RANGEL, Alberto et alii. *Por protesto e adoração:* in memoriam *de Euclides da Cunha*. Rio de Janeiro: Grêmio Euclides da Cunha, 1919, pp. 87-101.

CORREIA, Viriato. "Euclides da Cunha". *A Ilustração Brasileira*, Rio de Janeiro, 6: 99-100, 15/8/1909. Republicado em: "Uma entrevista com Euclides da Cunha". *Revista Brasileira*, Rio de Janeiro, 30: 219-26, jan.-fev.-mar. 2002.

FREYRE, Gilberto. "Euclides da Cunha". In: *Perfil de Euclides e outros perfis* (1944). Rio de Janeiro: Record, 1987, pp. 17-69.

GALVÃO, Walnice Nogueira. *Saco de gatos: ensaios críticos*. São Paulo: Duas Cidades, 1976.

______. *Gatos de outro saco: ensaios críticos*. São Paulo: Brasiliense, 1981.

______. "Metáforas náuticas". In: *Desconversa: ensaios críticos*. Rio de Janeiro: Ed. da UFRJ, 1998.

______. *Euclidiana: ensaios sobre Euclides da Cunha*. São Paulo: Companhia das Letras, 2009.

GAMA, Rinaldo. "Biblioteca Nacional". *Veja*. São Paulo, 23/11/1994, pp. 108-10.

GÁRATE, Miriam V. *Civilização e barbárie n'*Os sertões. Campinas/ São Paulo: Mercado de Letras/Fapesp, 2001.

GONZÁLEZ ECHEVARRÍA, Roberto. "A lost world re-discovered: Sarmiento's Facundo and E. da Cunha's *Os sertões*". *Myth and Archive: A Theory of Latin American Narrative*. Cambridge: Cambridge University Press, 1990.

GOTO, Roberto Akira. "A letra e a morte: *Os sertões* e a imaginação de um leitor deste final de século". In: *A letra ou a vida: textos críticos*. Campinas: Ed. da Unicamp, 1992, pp. 43-63.

HARDMAN, Francisco Foot. "Brutalidade antiga: sobre história e ruína em Euclides". *Estudos Avançados*. São Paulo, 10 (26): 293-310, jan.-abr. 1996.

______. "Antigos modernistas". In: NOVAES, Adauto (org.). *Tempo e história*. São Paulo: Companhia das Letras, 1992, pp. 289-305.

______. *A vingança de Hileia: Euclides da Cunha, a Amazônia e a literatura moderna*. São Paulo: Unesp, 2009.

HOLANDA, Lourival. *Fato e fábula*. Manaus: Ed. da Universidade do Amazonas, 1999.

JOHNSON, Adriana Michéle Campos. "*Os sertões*: Nationalism by Elimination". *Sentencing Canudos: Subalternity in the Backlands of Brazil*. Pittsburgh: University of Pittsburgh Press, 2010.

LIMA, Luiz Costa. *Terra ignota: a construção de* Os sertões. Rio de Janeiro: Civilização Brasileira, 1997.

______. *História. Ficção. Literatura*. São Paulo: Companhia das Letras, 2006.

MELO, Alfredo Cesar. "Revisitando o impasse euclidiano à luz do ensaio". *Revista Letras*, Curitiba, 73: 11-28, 2007.

MOREIRA GUIMARÃES. "O livro de Euclides da Cunha". *Correio da Manhã*, Rio de Janeiro, 3/2/1903, 11/2/1903, 4/3/1903 e 7/3/1903. Republicado em: vários autores. *Juízos críticos:* Os sertões: campanha de Canudos. Rio de Janeiro: Laemmert, 1904, pp. 71-88.

NOVAIS, José de Campos. "*Os sertões: campanha de Canudos*". *Revista do Centro de Ciências, Letras e Artes*, Campinas, 1: 45-55, 31/1/1903.

OLIVEIRA, Franklin de. *Euclydes: a espada e a letra*. Rio de Janeiro: Paz e Terra, 1983.

OLIVEIRA, Lúcia Lippi de. "A conquista do espaço: sertão e fronteira no pensamento brasileiro". *História, Ciências, Saúde*, Manguinhos (Rio de Janeiro), v. 1, 1: 195-215, 1997.

RABELLO, Sílvio. *Euclides da Cunha*. Rio de Janeiro: Civilização Brasileira, 1966.

REALE, Miguel. *Face oculta de Euclides da Cunha*. Rio de Janeiro: Topbooks, 1993.

ROCHA, João Cezar de Castro. *O exílio do homem cordial*. Rio de Janeiro: Museu da República, 2004.

RODRIGUES, Antônio da Gama. *Euclides da Cunha: engenheiro de Obras Públicas no estado de São Paulo (1896-1904)*. São Paulo: José Ortiz, 1956.

ROMERO, Sílvio. "Euclides da Cunha". *Revista da Academia Brasileira de Letras*, Rio de Janeiro, 3 (9): 1-16, jul. 1912; 3 (10): 179-193, out. 1912.

ROQUETE-PINTO, Edgar. "O segredo das Uiáras". In: *Seixos rolados: estudos brasileiros*. Rio de Janeiro: Mendonça Machado, 1927, pp. 81-101.

SAMPAIO, Teodoro. "À memória de Euclides da Cunha no décimo aniversário de sua morte". *Revista do Instituto Geográfico e Histórico da Bahia*, Salvador, 45: 247-55, v. 26, jan.-dez. 1919.

SANTANA, José Carlos Barreto de. *Ciência e arte: Euclides da Cunha e as ciências naturais*. São Paulo: Hucitec, 2001.

SEVCENKO, Nicolau. *Literatura como missão: tensões sociais e criação cultural na Primeira República*. São Paulo: Brasiliense, 1985.

STERZI, Eduardo. "Os Sertões: devastação e sublevação da terra". In: Ida Alves; Masé Lemos; Carmem Negreiros (org.). *Estudos de paisagem. Literatura, viagens e turismo cultural*. Rio de Janeiro: Oficina Raquel, 2014.

TOCANTINS, Leandro. *Euclides da Cunha e o paraíso perdido* (1966). Rio de Janeiro: Civilização Brasileira, 1978.

URIARTE, Javier. *A guerra invisível:* Os sertões *como exploração dos limites do conhecimento e da representação*. São Paulo: e-galáxia, 2019.

VENANCIO FILHO, Francisco. *Euclides da Cunha a seus amigos*. São Paulo: Nacional, 1938.

______. *A glória de Euclides da Cunha*. São Paulo: Nacional, 1940.

VENTURA, Roberto. "Memória seletiva". *Cadernos de Literatura Brasileira*, São Paulo, IMS, n. 13-14, dez. 2002, pp. 14-48.

______. *Retrato interrrompido da vida de Euclides da Cunha*. São Paulo: Companhia das Letras, 2003.

VERÍSSIMO, José. "Campanha de Canudos". *Correio da Manhã*, Rio de Janeiro, 3/12/1902. Republicado em: *Estudos de literatura brasileira*, 5ª série. Belo Horizonte/São Paulo: Itatiaia/Edusp, 1977, pp. 45-53.

______. "Diplomática e literatura". In: *Últimos estudos de literatura brasileira*, 7ª série. Belo Horizonte/São Paulo: Itatiaia/Edusp, 1979, pp. 191-8.

ZILLY, Berthold. "A guerra como painel e espetáculo: a história encenada em *Os sertões*". *História, Ciências, Saúde*, Manguinhos (Rio de Janeiro), v. 1, 1: 13-37, 1997.

______. "A barbárie: antítese ou elemento da civilização?". *Tempo Brasileiro*, Rio de Janeiro, 144: 103-146, 2001.

Sobre o autor

Roberto Ventura (1957-2002) foi professor de teoria literária e literatura comparada na Universidade de São Paulo (USP). Articulista da *Folha de S.Paulo* de 1988 a 1990, foi colaborador de *O Estado de S. Paulo* de 1991 a 1992. Coordenou, de 1993 a 1994, a área de história cultural do Instituto de Estudos Avançados da USP.

Escreveu *Escritores, escravos e mestiços em um país tropical* (Munique: W. Fink, 1987), *Estilo tropical: história cultural e polêmicas literárias no Brasil* (São Paulo: Companhia das Letras, 1991), *Casa-grande & senzala* (São Paulo: Publifolha, 2000, coleção Folha Explica) e, com Flora Süssekind, *História e dependência: cultura e sociedade em Manoel Bomfim* (São Paulo: Moderna, 1984).

Escreveu também as introduções para as edições de *Os sertões* publicadas pela Publifolha (São Paulo, 2000) e pela Nova Aguilar ("Intérpretes do Brasil", Rio de Janeiro, 2000; organização de Silviano Santiago), além de ensaio para a edição crítica da Ática, preparada por Walnice Nogueira Galvão (São Paulo, 1998). Uma biografia de Euclides da Cunha, resultado de dez anos de pesquisa, estava em fase de conclusão quando Roberto sofreu um acidente fatal, ao retornar a São Paulo de São José do Rio Pardo, onde participara da Semana Euclidiana.

Este livro foi composto na fonte Albertina
e impresso em maio de 2019 pela Geográfica,
sobre papel pólen bold 90 g/m².